Franzius

DOROTHEE DÖRING

SCHWIERIGE ROLLEN-UMKEHR

Die Sandwich-Generation in der Pflicht

Ratgeber

Ein Buch aus dem FRANZIUS VERLAG

Cover: Simone C. Franzius
Bildlizenzen: shutterstock, Dorothee Döring
Korrektorat: Franzius Verlag
Verantwortlich für den Inhalt des Textes
ist die Autorin Dorothee Döring
Satz, Herstellung und Verlag: Franzius Verlag GmbH
Druck und Bindung: BoD, Norderstedt

ISBN 978-3-96050-253-1 (Softcover)

Die Deutsche Nationalbibliothek verzeichnet diese Publikation in der Deutschen Nationalbibliografie; detaillierte bibliografische Daten sind im Internet über http://dnb.dnb.de abrufbar.

INHALT

Einführung

Die Sandwich-Generation erlebt gerade, wie es ist, wenn die eigenen Eltern alt, hilfe- und pflegebedürftig werden. Weder die alternden Eltern noch ihre erwachsenen Kinder sind auf diese Situation vorbereitet und durch die plötzliche Rollenumkehr zutiefst verunsichert.

Wenn die eigenen Eltern alt werden und aus verschiedensten Gründen nicht mehr allein leben können, findet ein *Rollenwechsel* zwischen den Generationen statt. Die Kinder kümmern sich und übernehmen dann die Verantwortung für ihre hilfebedürftigen Eltern. Doch diese unnatürliche Rollenumkehr, die Eltern- und Kindergeneration unvorbereitet trifft, wird meist von beiden Seiten als Zumutung, manchmal sogar als Krise erlebt, in der zusätzlich bisher verdeckte, ungelöste Konflikte aufbrechen können. Auch krankheitsbedingte Persönlichkeitsveränderungen durch Depressionen oder eine Demenz können in dieser Phase das Eltern-Kind-Verhältnis sehr belasten und immer wieder zu schmerzhaften Missverständnissen führen.

Neben der Herausforderung, Beruf, Erziehung der Kinder und Unterstützung der Eltern miteinander zu vereinbaren, kommt zusätzlich die emotionale Komponente dazu: Der Abschied vom eigenen Kindsein und das Bewusstwerden der Endlichkeit ist oft ein schmerzhafter Prozess.

Dieser Ratgeber lädt dazu ein, über den Spagat zwischen Anspruch und Wirklichkeit nachzudenken. Er gibt erwachsenen Kindern, die vom Rollenwechsel betroffen sind, hilfreiche Denkanstöße und verfolgt das Ziel, die Angst vor der Verantwortung, aber auch vor den Tabus um Alter, Sterben und Tod abzubauen. Neben den Fragen, die verantwortlichen erwachsenen Kindern auf den Nägeln brennen, steht unter anderem folgende an: Wie steht es mit gesunder Abgrenzung, um sich vor permanent schlechtem Gewissen und Burnout zu schützen?

I. Familiäre Rollen und ihre Umkehr

In jeder Familie kann man erkennen, dass die Familienmitglieder unterschiedliche Rollen haben. Einen großen Einfluss auf die Rollenverteilung hat bereits die Geburtenfolge: Das älteste Kind ist der Stammhalter und das »verantwortungsbewusste, loyale Kind«, das zweite das rebellische, das dritte entweder der Clown der Familie oder derjenige, der schnell »unsichtbar« wird und keine Probleme macht, oder es ist das »schwarze Schaf«, das zur Zielscheibe familiärer Aggression wird.

Erstaunlich ist, dass jeder seine Rolle schnell und in der Regel unbewusst einnimmt, sobald er sich in seiner Familie aufhält. Das zeigt sich besonders deutlich bei familiären Zusammenkünften zu Geburtstagen oder zu Weihnachten.

Je nach dem funktionalen Schwerpunkt kann man verschiedene familiäre Rollen unterscheiden. So gibt es die mütterliche und die väterliche Rolle sowie die geschwisterlichen und die kindlichen Rollen. Die erste ist jene, die zwischen Geschwistern eingenommen wird und die Funktion erfüllt, eine kooperative Beziehung zwischen Brüdern und Schwestern zu ermöglichen. Die kindlichen Rollen entsprechen der Bindung, die Kinder gegenüber ihren Eltern haben.

Bei den familiären Rollen kann es durch Veränderung der familiären Konstellation zur *Rollenumkehr* kommen. Dabei kommt es zwischen Elternteil und Kind zur Überschreitung der Generationsgrenzen. Das Kind übernimmt zum Beispiel »Eltern-Funktionen«. Dies kann sich in unterschiedlichen Bereichen zeigen, unter anderem, wenn ein Kind in der Folge von Trennung oder Scheidung seiner Eltern vom verlassenen Elternteil als Partnerersatz emotional überfordert und damit »missbraucht« wird. In eine unnatürliche Rollenumkehr geraten Kinder auch dann, wenn ihre Eltern depressiv oder suchtkrank sind und sie bereits als Kinder für ihre Eltern sorgen müssen.

Eine Rollenumkehr erlebten auch viele Kriegskinder, deren Väter vermisst oder gefallen waren. Sie wurden in eine erwachsene Rolle gedrängt, ihre Mütter und Geschwister zu trösten und zu beschützen und den nicht mehr vorhandenen Elternteil zu ersetzen.

Meist erfolgt die Rollenumkehr aber erst, wenn die Eltern alt und hilfebedürftig werden und sich ihre erwachsenen Kinder um sie kümmern und Verantwortung und Führung übernehmen müssen.

In der Folge der Rollenumkehr kann es zu unterschiedlichsten Rollenkonflikten kommen.

Ein familiärer Rollenkonflikt kann dadurch entstehen, dass sich Rollenerwartungen nicht mit den persönlichen Interessen und Bedürfnissen eines Familienmitglieds vereinbaren lassen.

Besondere Rollenkonflikte ergeben sich durch unbewusst oder erzwungen übernommene Rollen.

II. Konflikte in der Rollenumkehr durch unbewusst übernommene Rollen

1. Erkennen unbewusst übernommener Rollen

Häufig bemerken wir nicht, dass wir eine bestimmte Rolle in der Familie spielen. Wir bemerken allenfalls, dass wir uns irgendwie nicht wohlfühlen. Aber wer eine zugeschriebene oder »verordnete Rolle« spielt, ist Befehlsempfänger und nicht der Regisseur seines eigenen Lebensfilms.

Maja, 33:

»Ich selbst verstand lange Zeit nicht, was da vor sich ging, und schon gar nicht stellte ich das infrage. Ich akzeptierte, dass mein Bruder der Verantwortungsvollere von uns beiden war, der stets auf Ordnung achtete und seine Wohnung im höchsten Glanz hielt. Er hatte sein Leben immer wunderbar im Griff. Ich dagegen war eine Chaotin, die sich kaum Sorgen um die Zukunft machte. Als Jugendliche schwänzte ich häufig die Schule und genoss stattdessen die Stille in der Natur. Zu Hause war ständig etwas los und mir zu laut. Ich lernte sehr gerne, aber nicht für die Schule. Meine Noten schwankten zwischen einer Eins und einer Fünf, je nach Fach. Ich vermute, dass des-

halb meine Rolle in der Familie wohl »die chaotische Faule« war. Ich selbst sah mich so nicht, sondern eher in der Rolle eines Freigeistes, als jemand, der gerne grenzenlos denkt.«

Das Beispiel zeigt, wie sehr Eigen- und Fremdwahrnehmung voneinander abweichen können und wie schnell man von seiner Familie eine Rolle zugewiesen bekommt, die oft nicht passt. Meist übernehmen wir sogar die uns zugeschriebenen Rollen in unser Erwachsenenleben, in unsere Partner- und Familienrolle, weil wir sie nicht als falsch erkennen. Aber ohne zugeteilte und unbewusst übernommene Rollen zu erkennen, hat die Familie Macht über uns und es ist kaum möglich, diesem Image zu entkommen. Das kann fatale Folgen haben.

Natascha, 56:

»Ich war ein Nachkömmling und das Nesthäkchen in der Familie mit großem Altersabstand zu meinen drei Geschwistern. Da ich die Letzte war, die noch zu Hause bei den Eltern lebte, übernahm ich unbewusst den familiären Auftrag, mich um meine alternden Eltern zu kümmern. Als mein Vater starb, hatten meine Geschwister schon lange ihre eigenen Familien, und so war es unausgesprochen klar, dass ich mich um Mama zu kümmern hatte. Ich habe funktioniert und meine Rolle nie hinterfragt, bedauere aber, dass dadurch eine eigene Lebensplanung auf der Strecke geblieben ist.«

Manchmal nehmen Kinder in einem Familiensystem Rollen oder Positionen ein, die sich aus den Interaktionen der Eltern und weiterer Familienmitglieder ergeben.

Thilo, 52:

»Ich war in meiner Familie der Symptomsprenger. Erst viel später ist mir im Rahmen einer Therapie klar geworden, dass diese unbewusst übernommene Rolle dazu diente, das System Familie über mein herausforderndes, aggressives Verhalten zusammenzuhalten. Für mich war es wichtig, diese Rolle zu verlassen, um nicht dauerhaft von ihr gesteuert zu werden.«

Unbewusst übernommene Rollen müssen nicht problematisch sein, wenn sie dem eigenen Wesen entsprechen. Tun sie es nicht, verhindern sie die Entwicklung einer eigenen Identität.

Mit jeder Rolle sind Anforderungen verbunden. Manche davon stimmen mit Ihren persönlichen Werten überein und Sie werden sie leicht ausfüllen. Andere Rollen haben vielleicht einmal zu Ihnen gepasst, aber jetzt sind Sie herausgewachsen wie aus einem Kleid aus Kindertagen und sie sind unbequem. Wenn Sie ständig in einer falschen Rolle stecken, dann leben Sie nicht authentisch, ignorieren Ihre Identität und berauben sich Ihrer Lebensfreude.

Wenn Sie sich von einer unbewusst übernommenen Rolle lösen möchten, ist es jederzeit möglich, auszusteigen. Voraussetzung ist aber, die unpassende Rolle zu erkennen. Seien Sie sich aber bewusst, dass die übrigen Familienmitglieder sich mit allen Mitteln gegen eine Veränderung wehren.

Zunächst geht es darum, zugeschriebene, unbewusst übernommene Rollen zu erkennen und zu hinterfragen, um für sich selbst *Rollenklarheit* zu gewinnen. Das ist in drei Schritten möglich:

1. Erwartungen bewusst machen: Machen Sie sich zuerst bewusst, *welche Rolle* Sie in Ihrer Familie einnehmen und warum das so ist. Werden Sie sich auch klar, welche Rollen die anderen Familienmitglieder spielen.
2. Erwartungen klären: Sprechen Sie mit Ihren Familienmitgliedern offen darüber, dass Sie sich in Ihrer Rolle unwohl fühlen und diese verlassen möchten. Rechnen Sie dabei aber eher nicht mit der Unterstützung Ihrer Familie.
3. Erwartungen anpassen: Klären Sie zunächst einmal ab, was für Sie wirklich wichtig ist und was Ihnen entspricht. Klären Sie Ihre eigene Erwartung und fragen Sie sich: »Welche Rolle passt zu mir?«

1.1 Das Helfersyndrom

Das Helfersyndrom kann eine unbewusst übernommene Rolle sein, um sich innerhalb der Familie unentbehrlich zu machen und seine Daseinsberechtigung zu beweisen. Oft sind diejenigen davon betroffen, die eine schwierige Position in der »Rangordnung der Liebe« innerhalb der Familie haben. Helfende versuchen, ihren Status innerhalb der Familie zu verbessern, insbesondere, wahrgenommen zu werden. Gebraucht zu werden, kann zur Sucht werden und zu Konflikten führen, besonders, wenn andere das ausnutzen.

Was versteht man unter einem Helfersyndrom?

Das Konzept des Helfersyndroms wurde zum ersten Mal 1977 vom Psychoanalytiker Wolfgang Schmidbauer beschrieben. Er ging davon aus, dass Menschen mit einem Helfersyndrom in ihrer Kindheit nicht die Liebe, Akzeptanz und Unterstützung erhalten haben, die sie gebraucht hätten. Dadurch hätten sie ein geringes Selbstwertgefühl. Zudem hätten sie in ihrer Kindheit ein Verhaltensmuster gelernt, bei dem sie sich in Beziehungen überwiegend als Helfer anböten, um auf diese Weise Anerkennung, Dankbarkeit und Zuneigung zu bekommen.

Im Erwachsenenalter setzt sich dieses Verhalten fort. Die Betroffenen fühlen sich nur dann geliebt, fähig und wertvoll, wenn sie anderen ständig helfen bzw. sich für diese »aufopfern« und dabei das Gefühl haben, gebraucht zu werden. Charakteristisch ist zum Beispiel, dass sie anderen im vorauseilenden Gehorsam - und oft sogar ungefragt - helfen oder Aufgaben übernehmen, ohne dass sie jemand darum gebeten hat.

Sie haben Schwierigkeiten, »nein« zu sagen und wenn sie anderen einmal nicht helfen oder wenn sie sich selbst etwas Gutes tun, haben sie schnell ein schlechtes Gewissen und fühlen sich egoistisch.

Weiterhin fällt es den Betroffenen häufig schwer, eigene Fehler und Schwächen einzugestehen und selbst Hilfe anzunehmen.

Typisch für das Helfersyndrom ist auch, dass der Betroffene unabhängig davon hilft, ob seine Hilfe überhaupt erwünscht oder sinnvoll ist. So kann es sein, dass Menschen mit Helfersyndrom anderen ihre Hilfe aufdrängen, dass die Hilfe dem Empfänger sogar schadet - z.B., weil sie verhindert, dass er Dinge in die Hand nimmt und seine Probleme selbst löst.

Durch ihr aufopferndes Verhalten befriedigen die Betroffenen unbewusst eigene Bedürfnisse, nämlich nach einem positiven Selbstwertgefühl, Zugehörigkeit und gesellschaftlicher Anerkennung. Außerdem ermöglicht dieses Verhalten dem Helfer, sich nicht mit eigenen psychischen oder sozialen Problemen und seinem eigenen Leben auseinanderzusetzen.

Ines, 42:

»Ich habe von meiner Mutter unbewusst das Helfersyndrom übernommen, mich um alles zu kümmern und alles dafür zu tun, dass andere sich wohlfühlen. Ich habe nie hinterfragt, ob es meine selbstgewählte Rolle ist oder eine, die zu mir passt. Natürlich hat es mir auch geschmeichelt, für mein ständiges Helfen gelobt zu werden. Wenn aber die erhoffte Anerkennung ausblieb und mein Einsatz als Selbstverständlichkeit hingenommen wurde, fühlte ich mich ausgenutzt. Meine Bilanz stimmte einfach nicht mehr und ich fühlte mich betrogen. Irgendwann erkannte ich, dass ich mich in einer Abhängigkeit befand und beschloss, mich daraus mit Hilfe einer Therapie zu befreien.«

Menschen wie Ines vernachlässigen ihre eigenen Wünsche, Bedürfnisse und körperlichen Grenzen. Dadurch schaden sie sich letztlich selbst. Mit der Zeit fühlen sie sich erschöpft und oft auch ausgenutzt und missbraucht. Manche Betroffenen helfen anderen auf eine Art, die für sie selbst riskant ist: Zum Beispiel leihen sie anderen größere Summen Geld, übernehmen für sie eine Bürgschaft oder melden deren Auto oder Handy auf ihren Namen an.

Besonders problematisch ist es, dass Menschen mit einem Helfersyndrom durch ihre ständige Hilfe Anerkennung und Dankbarkeit bekommen möchten. Es kann jedoch sein, dass der Empfänger die Hilfe gar nicht möchte oder sie irgendwann als selbstverständlich ansieht - und der Helfende dann nicht die Anerkennung und Dankbarkeit bekommt, die er sich wünscht. Wenn - wie bei Ines - der »Lohn« für ihre Verausgabung in Form von Anerkennung oder Lob ausblieb, fühlte sie sich betrogen.

Ines hat erkannt, dass sie sich in einer von ihrer Mutter unbewusst übernommenen Rolle der Abhängigkeit befindet, der sie nur mit professioneller Hilfe entkommen kann.

1.2 Die Co-Abhängigkeit

Unter Co-Abhängigkeit versteht man suchtförderndes Verhalten gegenüber suchtkranken Menschen, das oft – wie das Helfersyndrom – eine unbewusst übernommene Rolle ist.

»Co-Abhängigkeit« beschreibt ein Verhalten beispielsweise von Angehörigen oder nahen Bezugspersonen, das dazu beiträgt, Symptome einer Suchterkrankung zu minimieren oder zu bagatellisieren: Zum Beispiel bezahlen sie suchtbedingte Schulden, entschuldigen suchtbedingtes Verhalten oder reden Konsequenzen klein. Angehörige leiden oft unter Schuld- und Schamgefühlen und tun alles, um den Schein zu wahren. Doch dieses Verhalten unterstützt eher die Betroffenen dabei, weiter mit der Sucht zu leben, als von ihr loszukommen. Am Ende bestimmt das Verhalten der/des Abhängigen das Leben der Angehörigen so stark, dass diese oftmals selbst professionelle Hilfe brauchen.

Sucht in der Familie - und in der Folge die Co-Abhängigkeit - ist ein transgenerationales Thema. Besonders gefährdet für eine Co-Abhängigkeit sind die Kinder suchtkranker Eltern, denn die Betroffenen haben oft schon in ihrer Kindheit co-abhängiges Verhalten gelernt. Sie haben zum Beispiel Aufgaben für den suchtkranken Vater oder die suchtkranke Mutter übernommen und die Sucht vor anderen verheimlicht. Dieses Verhalten setzt sich oft unbewusst im Erwachsenenleben fort: Sie suchen sich oder »geraten« an einen Partner, der ebenfalls eine Sucht hat.

Ein co-abhängiges Beziehungsverhältnis beginnt oft kaum wahrnehmbar und ist selten eine bewusste Entscheidung. Oft handelt es sich um unbewusst erlerntes Verhalten. Wachsen Kinder mit einem suchtkranken Elternteil auf, ist die Gefahr der Co-Abhängigkeit hoch: Sie tun alles für die Liebe und Aufmerksamkeit ihrer Bezugspersonen, verfallen automatisch in unterstützende und kontrollierende Verhaltensmuster und geben ihre erlernte Co-Abhängigkeit transgenerational weiter.

Miriam, 42:

»Eines Tages kamen wir in unserer Familie an den Punkt, an dem die Trinkerei meines Vaters außer Kontrolle geriet. Er hatte seinen Konsum nicht mehr im Griff. Meine Mutter hielt sich über viele Jahre hinweg für stark genug, mit dieser Krise fertig zu werden. Wir alle hatten Angst um unsere Familie und wollten nicht, dass sie zerbricht. Um jeden Preis versuchten wir, die Familie zusammenzuhalten und begannen, die Sucht meines Vaters zu kontrollieren. Die Wohnung wurde nach Weinverstecken abgesucht und die Flaschen im Anschluss ausgeschüttet. Seine Aufgaben im Haus haben sich wie selbstverständlich auf uns übertragen. Meinen Großeltern wurde bei Bedarf eine kleine Notlüge aufgetischt und vor Freunden das Alkoholproblem vertuscht. Nach außen hin taten wir immer so, als hätten wir alles im Griff. Ein verhängnisvoller Kreislauf der Co-Abhängigkeit entstand, der dazu führte, dass auch ich durch die Alkoholabhängigkeit meines Mannes nach dem erlernten Muster zur Co-Abhängigen wurde.«

Das Beispiel zeigt, dass die Rolle der Co-Abhängigkeit transgenerational von der Mutter auf die Tochter weitergegeben wurde. Miriam wurde bereits in ihrer Herkunftsfamilie auf ihre Rolle »Co-Abhängigkeit« konditioniert.

Co-Abhängige wollen helfen, verkennen dabei aber, dass sie durch ihr Engagement selbst in eine Abhängigkeit geraten. Darüber hinaus fördern sie das Suchtverhalten, indem sie:

- *das Suchtproblem verdrängen, verleugnen oder verharmlosen:* Dieses Verhalten ist allerdings auch Teil eines Schutzverhaltens von Angehörigen,
- *das Suchtmittel besorgen bzw. den Zugang zu ihm fördern:* Alkohol einkaufen oder Geld dafür »zustecken«,
- *jegliche Verantwortung für das Leben der/des Betroffenen übernehmen*: z.B. Alltagsverpflichtungen sowie die Abnahme von Belastungen, die Verantwortung für negative Folgen des Suchtverhaltens im sozialen Leben,
- *das Suchtverhalten verheimlichen oder entschuldigen.*

Diese Verhaltensweisen sind kontraproduktiv und suchtfördernd, da sie eine suchtkranke Person nicht dabei unterstützen, sich mit dem Suchtverhalten und dessen Folgen auseinanderzusetzen bzw. sich ihrem Problem zu stellen.

Der Wunsch, einem suchtkranken Familienmitglied helfen zu wollen, ist legitim und menschlich. Angehörige fühlen sich meist schuldig, wenn ihnen das nicht gelingt. Ein erster wichtiger Schritt aus einer Co-Abhängigkeit ist, sich einzugestehen, dass man allein nicht weiterweiß.

Manchmal gibt es bereits andere Angehörige von suchtkranken Menschen im näheren Umfeld oder *Selbsthilfegruppen*, mit denen Sie sich austauschen können. Oder holen Sie sich Hilfe bei einer *Suchtberatungsstelle*, um zu erfahren, wie Sie suchtförderndes Verhalten vermeiden können.

1.3 Perfektionismus - Überzogene Ansprüche

Auch Perfektionismus kann eine unbewusst übernommene Rolle sein, um seinen familiären Status zu verbessern und über außergewöhnliche Leistungen Anerkennung und Zuwendung zu bekommen. Perfektionismus ist oft die Folge autoritärer Erziehung. Unter Perfektionismus leiden vor allem Menschen, die von ihren Eltern streng und kontrollierend erzogen wurden. Sie beziehen ihren Selbstwert aus Leistung und stellen an sich und andere extrem hohe Ansprüche.

Marianne, 81:

»Ich bin ein Kriegskind und zudem ein Flüchtlingskind. Bei uns ging es darum, angepasst zu sein und nicht aufzufallen. Meine Eltern haben schwer geschuftet, um sich ein neues Leben aufzubauen. Sie waren gnadenlos sich selbst, aber auch uns Kindern gegenüber. Leistung war ganz wichtig, Mittelmaß gab es nicht. So wurden meine Geschwister und ich zu Perfektionisten erzogen, zu Vorzeigekindern, mit denen meine Eltern punkten konnten. Leider war das eine Hypothek fürs Leben, denn wir Kinder haben diese Prägung unbewusst an unsere Kinder weitergegeben.«

Mariannes Kriegseltern hatten – nach allem, was sie selbst erlebt hatten – nur wenig Verständnis für die »banalen« Probleme ihrer Kinder. Stattdessen erwarteten sie Leistung und Fleiß bis hin zum Perfektionismus und vor allem Dankbarkeit. Schließlich mussten die Eltern im Krieg und in der Nachkriegszeit viel entbehren und leisten, und das forderten sie auch von ihren Kindern.

Marianne erkennt, dass ihr durch die Erziehung zum Perfektionismus eine Rolle zugeteilt wurde, die sie unbewusst übernommen und an die nächste Generation weitergegeben hat.

Wie aber ist es möglich, sich aus dieser unfreiwilligen Rolle zu befreien?

- Machen Sie sich bewusst, dass Perfektion nur eine Illusion ist, die nur in Ihrem Kopf existiert. Erwarten Sie keine 100%ige Lösung, sondern lernen Sie, Mut zur Lücke zu haben und mit 80% zufrieden zu sein (Pareto-Regel).
- Sie können Ihren Perfektionismus ablegen, wenn Sie es lernen, großzügiger mit sich selbst zu sein. Anstatt sich immer nur auf Ihre Schwächen zu konzentrieren, sollten Sie sich auf Ihre Stärken fokussieren und sie ausbauen.
- Lernen Sie, sich selbst so zu akzeptieren, wie Sie sind. Befreien Sie sich von der Vorstellung, anderen gefallen zu müssen.
- Da die Ursache von Perfektionismus ein geringes Selbstwertgefühl ist, sollten Sie dieses stärken. Erst wenn Sie mit sich selbst im Reinen sind, werden Sie Ihren Selbstwert nicht mehr von Leistung abhängig machen.
- Lernen Sie, sich selbst so zu behandeln, wie Ihren besten Freund bzw. Ihre beste Freundin.

Als ich mich selbst zu lieben begann,
habe ich verstanden,
dass ich immer und bei jeder Gelegenheit
zur richtigen Zeit am richtigen Ort bin
und dass alles, was geschieht, richtig ist -
von da an konnte ich ruhig sein.
Heute weiß ich, das nennt man Vertrauen:

Als ich mich selbst zu lieben begann,
konnte ich erkennen,
dass emotionaler Schmerz und Leid
nur Warnung für mich sind,
gegen meine eigene Wahrheit zu leben.
Heute weiß ich, dass nennt man authentisch sein.

Als ich mich selbst zu lieben begann,
habe ich aufgehört,
mich nach einem anderen Leben zu sehnen

und konnte sehen, dass alles um mich herum
eine Aufforderung zum Wachsen war.
Heute weiß ich, dass nennt man Reife.

Wir brauchen uns nicht weiter vor Auseinandersetzungen,
Konflikten und Problemen mit uns selbst
und anderen zu fürchten,
denn sogar Sterne knallen manchmal aufeinander
und es entstehen neue Welten.
Heute weiß ich, das ist das Leben.
(Charlie Chaplin)

2. Konflikte durch erzwungene Rollen

Durch Erziehung und Prägung kann man durch Erwartungen in erzwungene Rollen geraten und damit oft sogar in ein moralisch-ethisches Dilemma.

Für diejenigen, die noch christlich sozialisiert wurden, gilt das vierte Gebot als moralischer Kompass (*»Du sollst Vater und Mutter ehren, auf dass du lange lebest in dem Lande, das der Herr, dein Gott, dir geben wird.«*). Es ruft den erwachsenen Kindern die Pflichten gegenüber den Eltern in Erinnerung, ihnen im Alter, in Krankheit, Einsamkeit oder Not beizustehen und sie zu unterstützen. Dieses Gebot kann erwachsene Kinder in erzwungene Rollen zwingen und *moralischen Druck* auslösen. Erzwungene Rollen nehmen Menschen ihren persönlichen Entwicklungsspielraum und ihre Entscheidungsfreiheit. Das ist besonders in totalitären Glaubensgemeinschaften zu beobachten. Über ihre Erfahrungen mit dem Sektenleben gibt das Selbsterfahrungsbuch von Monika Deppe Auskunft: »*Die Zeugen Jehovas. Auch ich habe ihnen geglaubt/Sanfter Einstieg, harter Ausstieg.*«[1]

Auch das Buch »*Das eiskalte Paradies*«[2] von Jana Frey basiert auf einer wahren Begebenheit und erzählt sehr anschaulich, mit welchen emotionalen Tricks Sektenmitglieder gewonnen werden und wie die Zeugen Jehovas ein 15-jähriges Mädchen unter Druck setzen, in ihrer Sekte zu bleiben. Es wird deutlich, wie sehr sich das Mädchen als Zeugin Jehovas zunächst als »Auserwählte« betrachtete, in dieser Rolle gefiel und ihre Außenseiterrolle in der Schule eine Zeitlang scheinbar gut verkraftete.

Das Buch macht die »totalitären Mechanismen«, die durchorganisierte Kontrolle über das Individuum und die Isolation Betroffener deutlich. Der Schwerpunkt wird auf die *psychische Abhängigkeit* und Ausweglosigkeit gelenkt, die diese Gemeinschaft mit sich bringt und auf die Erkenntnis, wie wichtig persönliche Freiheit ist, über sich und sein eigenes Leben selbst zu entscheiden, es individuell zu gestalten und keinem Stundenplan folgen zu müssen, den andere erstellt haben.

Aber auch viele pflegende Kinder geraten in Konflikte durch erzwungene Rollen. Sie empfinden eine hohe moralische Verpflichtung und fühlen sich an ihr Versprechen gebunden, sich im Alter um ihre Eltern zu kümmern.

In einem Beratungsgespräch beginnt eine Frau bitterlich zu weinen. Sie sagt:

»Meine Mutter ist dement und ich habe ihr versprochen, dass sie immer bei mir bleiben kann. Ich habe sie jetzt acht Jahre gepflegt, aber irgendwie geht es jetzt nicht mehr. Sie musste ins Heim. Ich habe mein

Versprechen gebrochen. Jetzt schaut sie mich immer, wenn ich sie besuche, sehr vorwurfsvoll an. Sie spricht kaum noch mit mir …«

In meiner langjährigen Beratungstätigkeit habe ich oft verzweifelte Töchter erlebt, die an einem ganz bestimmten Versprechen gescheitert sind, das sie – meist in einer emotionalen Situation – ihren alten Eltern gegeben hatten. Das Versprechen lautet: »Mama/Papa, du musst nie ins Heim.«

Sabine, 61:

»Ich hatte zu meiner Mutter immer eine innige Beziehung. Als sie merkte, dass sie abbaute, fing Mama an zu weinen und irgendwann forderte sie, schluchzend und aufgelöst: ›Versprich mir, dass ich nie in so ein Seniorenheim muss! Versprich es!‹

Ich gab in dieser hochemotionalen Situation meiner Mutter das Wort und sagte: ›Ja, ich verspreche es! Mama, du musst nie in ein Heim.‹

Knapp ein Jahr später musste ich mein Versprechen brechen. Meine Mutter hatte einen Schlaganfall erlitten und der erforderliche Pflegebedarf überforderte mich. Ich war schweren Herzens gezwungen, eine Pflegeeinrichtung zu suchen, um für meine schwerstpflegebedürftige Mutter eine adäquate Versorgung zu finden, die ich nicht gewährleisten konnte. Trotzdem plagten mich heftige Gewissensbisse.«

Sehr häufig habe ich solche gut gemeinten Versprechen gehört, aber pflegende Kinder, die einst dieses große Versprechen in bester Absicht gaben, konnten sich nicht vorstellen, wie lange und wie anstrengend die Pflege einmal werden und wie viel Kraft und Geduld sie kosten würde. Schon aus diesem Grund sind Versprechen problematisch. Und dazu kommt, dass die häusliche Pflege ein 24-Stunden-Job ist – ohne Feierabend oder Jahresurlaub.

Niemand verstößt gerne gegen ein Versprechen, das er oder sie gegeben hat. Doch manchmal ist es notwendig, ein Versprechen nicht zu halten. Erwachsene Kinder haben oft jahrelang alles gegeben, um ihr Versprechen zu erfüllen. Oft zwingen eigene Grenzen, z. B. unter der permanenten Überforderung selbst zusammenzubrechen, dazu, die Betreuung, Begleitung und Pflege alter Eltern in professionelle Hände zu geben.

Ein weiterer Faktor, der das Halten eines Versprechens behindert, ist dann gegeben, wenn sich demenziell erkrankte alte Eltern selbst gefährden, zum Beispiel indem sie weglaufen, den Gasherd oder die Herdplatte anlassen. Sie gefährden dann nicht nur sich selbst, sondern auch die gesamte Umgebung. In diesem Stadium ist häusliche Betreuung und Pflege nicht mehr möglich.

3. Alte Eltern und erwachsene Kinder im Rollenkonflikt

Heute werden Menschen immer älter. Eltern und Kindern bleiben so viele gemeinsame Lebensjahre wie nie zuvor. Rund 60 Jahre erleben sie zusammen. Noch vor einhundert Jahren blieben den Vätern lediglich zwanzig, den Müttern im Schnitt vierzig gemeinsame Lebensjahre. Dies hat Folgen: Die Zeiten der Verantwortung, Fürsorge und Pflege werden für die Kinder pflegebedürftiger alter Eltern immer länger. Zudem kehren sich in dieser Phase die einstigen Rollen um, was nicht immer akzeptiert wird und zu *Rollenkonflikten* führen kann, denn hilfebedürftige alte Eltern fühlen sich nach wie vor als Eltern ihrer Kinder und genau dies führt oft zu Konflikten.

Schwierig ist die Akzeptanz der neuen Rollen für beide Seiten, denn weder die alten Eltern noch ihre sich kümmernden Kinder haben sich diese Rollenumkehr ausgesucht. Dementsprechend unsicher sind beide Seiten damit.

Da pflegenden Kindern selten explizit die Verantwortung für ihre alten Eltern übertragen wird, müssen sie erkennen, wann es notwendig ist, einzugreifen. Das aber bringt sie in Konflikt, weil sie es als Übergriff empfinden, für ihre Eltern zu entscheiden und über Dinge zu bestimmen, die sie früher selbst entschieden haben, die sie jetzt aber überfordern. Kinder müssen in dieser Phase die Führung übernehmen, spüren aber den inneren Konflikt, die Würde ihrer alten Eltern zu wahren und sie auf keinen Fall bevormunden zu wollen, denn das wäre in jedem Fall eine klare Grenzüberschreitung.

Erwachsene Kinder, die sich mit der Rolle konfrontiert sehen, Verantwortung für ihre alten Eltern zu übernehmen, sehen sich verschiedenen Erwartungen ausgesetzt. Diesen oft diametralen Erwartungen vollständig gerecht zu werden, ist oft nicht möglich und wird deshalb als Konflikt empfunden. Darüber hinaus können sich durch die Fürsorge für alte Eltern Beziehungen sowie die eigene Lebensplanung verändern, was ebenfalls als Belastung wahrgenommen wird. Wenn die Erwartungen, die mit Rollen verknüpft sind – aus welchen Gründen auch immer – nicht erfüllt werden können, entsteht ein Rollenkonflikt.

Ein Beispiel:

Eine Tochter pflegt ihren betagten Vater seit einiger Zeit. Die Tochter ist verheiratet und hat ihren behinderten Ehemann zu versorgen. Nach einigen Monaten ist die Pflege des Vaters immer zeitaufwendiger geworden. Jetzt muss die Tochter sich entscheiden, welche Rollenerwartungen sie mit den knappen Zeitressourcen erfüllen soll. Wie auch immer sie sich entscheidet, sie wird in einen Rollenkonflikt kommen, da sie *eine* Rollenerwartung vernachlässigen muss.

Die eigenen Eltern zu pflegen, bringt Kinder oft an ihre psychischen und physischen Grenzen und in einen Rollenkonflikt. Neben dem fast unlösbaren Dilemma, einer der Rollen nicht gerecht werden zu können, steht am Ende zusätzlich oft die Frage: »Und wo bleibe ich?«

Viele pflegende Kinder leben im permanenten Konflikt zwischen eigener Lebensplanung, der Verwirklichung von Lebenszielen, der Grenze zwischen Empathie und Verantwortung für ihre Familien und ihre alten Eltern und gesunder Abgrenzung und Selbstfürsorge.

Wenn Eltern nicht mehr ihr eigenes Leben im Griff haben und auf Hilfe angewiesen sind, zwingt das deren Kinder dazu, sich der neuen Realität anzupassen. Aber auch alte Eltern hadern mit ihrer neuen unfreiwilligen Rolle, ihrer ungewohnten Unselbstständigkeit und den zahlreichen Verlusten, die sie erleiden: Partner, Freunde und Weggefährten, die wichtige Bezugspersonen waren, sind gestorben. Der Verlust von Vitalität erschüttert ihr Selbstbild und zwingt sie in die Abhängigkeit und in die Position der Bittsteller. In dieser Rolle erleben sie einen schmerzhaften Bedeutungsverlust, der ihre Identität und Würde angreift und ihr Selbstbild erschüttert.

Michael, 54:

»Mein Vater, der sich immer als ›unternehmungslustiger Kosmopolit‹ sah, hatte große Probleme, nach seinem Schlaganfall die Rolle, in

die ihn seine Erkrankung gebracht hatte, zu akzeptieren. Er, der gesellig und kontaktfreudig war, fühlte sich plötzlich isoliert, auf sich selbst zurückgeworfen. Durch die neue Rolle, in die er gezwungen worden war, brachen sein Selbstbild und seine Selbstwirksamkeit zusammen und er versank über Monate in Depressionen.«

Besonders, wenn noch rüstige alte Eltern von jetzt auf gleich, z. B. durch einen Sturz oder einen Schlaganfall in eine Situation katapultiert werden, durch die sie ihre Autonomie verlieren, tun sie sich schwer, diese Situation zu akzeptieren. Einige reagieren darauf – wie das Beispiel zeigt – mit Depression, andere mit Aggression.

III. Konflikte durch die Begleiterscheinungen des Alters

1. Altern und Hinfälligkeit - Ein Tabu

Über Kompetenzverlust und Hinfälligkeit wird selten offen gesprochen, und selbst sich einzugestehen, dass die eigenen Kräfte nachlassen, fällt vielen schwer. Manche glauben vielleicht sogar, solange nicht darüber gesprochen werde, existiere das Problem auch nicht. Noch seltsamer ist es, dass man zwar bei anderen deren Nachlassen bemerkt, bei sich selbst aber nicht. Altsein ist in unserer jugenddominierten Gesellschaft ein Tabuthema. In unserer Leistungsgesellschaft werden *altersbedingte Begleiterscheinungen* ausgeblendet und verdrängt, obwohl sie irgendwann – mehr oder weniger – auf uns alle zukommen.

Körper und Geist verändern sich, und das macht alten Menschen Angst. Sie registrieren nicht nur, dass sie sich optisch verändert haben und alt geworden sind, sondern dass sich auch viele andere Bereiche des menschlichen Organismus verändern. Das macht den Körper nicht automatisch krank, aber er ist anfälliger für bestimmte Krankheiten, die besonders in höherem Alter auftreten.

Der Alterungsprozess verläuft schleichend: Nachlassende Sehkraft, schwindendes Hörvermögen, wachsende Schwierigkeiten, das Gleichgewicht zu bewahren und sich ohne fremde

Hilfe fortzubewegen, verminderte Geschicklichkeit, beginnende Inkontinenz und zunehmender Verlust der Gedächtnisleistung sind erhebliche Belastungen für alte Menschen und lassen sie zu Recht um ihre Selbstständigkeit und Unabhängigkeit fürchten.

Täglich haben sie mit Schmerzen verschiedener Art zu leben, und plötzlich wird alles, was sie früher mit links gemacht haben, zum Problem. Sie werden abhängig von der Hilfe und Unterstützung anderer, und dieser *Autonomieverlust* ist für sie die schwerste Lebenskrise.

Neben den altersbedingten Einschränkungen können durch neurologische Veränderungen oder Unfälle weitere hinzukommen. Wenn alte Menschen durch Veränderung ihres Gleichgewichtsorgans stürzen, werden in der Folge viele Betroffene zu Pflegefällen. Etwa vierzig Prozent hochbetagter Menschen, die fallen und einen Oberschenkelhalsbruch erleiden, erholen sich nicht mehr völlig, müssen in ein Pflegeheim und verlieren damit ihr häusliches Umfeld und auf vielen Ebenen ihre Selbstbestimmung. Zu den körperlichen Schmerzen, die sie oft aushalten müssen, kommen noch die seelischen Schmerzen hinzu:

- Verlust der vertrauten Umgebung
- Einsamkeit
- Kontrollverlust
- Autonomieverlust

Einen besonders tiefen Einschnitt im Leben alter Menschen stellt der *Tod des Partners* nach langen gemeinsamen Jahren dar. Plötzlich ist der geliebte und nahestehende Mensch nicht mehr da. Verwitwete fühlen sich hilflos und »amputiert«. Ihnen fehlt die andere Hälfte ihres Lebens. Ohne sie erscheint ihnen ihr Leben leer und sinnlos. Wer allein zurückbleibt, muss neben der Lähmung durch die Trauer mit vielen Problemen des Alltags nun allein zurechtkommen.

In der Begleitung vieler alter Menschen ist mir etwas Bemerkenswertes aufgefallen: Die Haut wird im Alter nicht nur erkennbar dünner, die Dünnhäutigkeit (Empfindlichkeit) bezieht sich auch auf das Seelenleben. Tatsächlich sind alte Menschen weniger belastbar und benötigen erheblich längere Regenerationszeiten, um sich von Verletzungen und Enttäuschungen zu erholen.

Ich habe das bei meiner alten, 94-jährigen Freundin so erlebt. Sie war früher eine starke, belastbare Frau, die schlagfertig, lebenstüchtig und gewandt war und sich vor nichts und niemandem fürchtete. Je älter sie aber wurde und je mehr persönliche Verluste sie in Form von endgültigen Abschieden durch Tod zu verkraften hatte, desto empfindsamer und verletzlicher wurde sie. Sie konnte es am allerwenigsten selbst verstehen, warum sich ihr Wesen so veränderte.

Mit dem Alter steigt die Zahl der Lebensprüfungen: Der Partner stirbt. Von den wenigen, noch verbleibenden Freunden, kommen nur noch Verlustnachrichten. Die Begleiterscheinungen des Alters sind nicht nur für Betroffene schwer zu akzeptieren, sondern auch für ihr unmittelbares familiäres Umfeld. Zwischen alten Eltern und sich kümmernden Kindern kommt es häufig zu Konflikten, wenn den hilfebedürftigen Eltern die Einsichtsfähigkeit fehlt, dass sie wegen nachlassender Reaktionsfähigkeit z. B. nicht mehr Auto fahren sollten.

Ein großes Tabuthema ist darüber hinaus der Tod – darüber zu sprechen, fällt fast immer schwer. Wenn alte Eltern deutlich signalisieren, dass sie nicht darüber reden wollen, müssen Kinder das akzeptieren. Kinder dürfen ihren Eltern niemals das Gespräch über ihr Sterben aufzwingen.

Diese Überlegungen können helfen:

- Wichtig ist das Verständnis der Kinder für die Kette der Verlusterfahrungen ihrer Eltern und ihre dadurch bedingten Stimmungsschwankungen und seelischen Veränderungen.
- Es ist wichtig, mit den alten Eltern über schleichende Veränderungen, die das Alter mit sich bringt, zu sprechen und darüber, wie sie sich vorstellen, wie damit umgegangen werden soll, wenn die Ausfälle gravierender werden sollten.
- Ältere Eltern bestimmen selbst, wie sie leben möchten. Kinder können aber ihre Gedanken, Bedenken oder Ideen äußern, um so einen Einblick in ihre Perspektive zu geben. Damit das nicht als Übergriff oder Einmischung empfunden werden kann, ist es wichtig, sensibel zu formulieren, z. B.: »Ich mache mir Gedanken, ob die Gartenpflege euch überhaupt noch Freude bereitet.«
- Anzeichen, dass jemand Unterstützung braucht, kann ein Stapel ungeöffneter Post sein, vernachlässigte Körperpflege, einseitige Ernährung oder ein Mangel an sozialen Kontakten.
- Wie sollte Hilfe angesprochen werden? Ist man in regelmäßigem, lebendigem Austausch, lassen sich auch heikle Themen einfacher ansprechen. Außerdem können Kinder etwa bei der Recherche für Unterstützungsangebote helfen (Essen auf Rädern, Haushaltshilfe).

- Wann das Thema Pflegeplatz ansprechen? Hier braucht es ein gutes Gespür und Feingefühl, wenn Eltern zu Hause nicht adäquat betreut oder gepflegt werden können. Aber auch, wenn sich jemand zu Hause nicht mehr sicher oder wohlfühlt, soziale Kontakte fehlen oder es plötzlich zu einem Sturz oder Schlaganfall kommt, ist das Thema Pflegeeinrichtung relevant.

2. Altersbedingte Veränderungen

»Alt werden ohne zu altern« ist ein Wunschtraum, eine Illusion.

Die *körperlichen Folgen* des Alterns sind vor allem ein Nachlassen von Vitalität, Kraft, Ausdauer, Antrieb, Leistungs- und Reaktionsfähigkeit, Libido und Potenz.

Die kognitiven Folgen beziehen sich besonders auf den Rückgang von Konzentration, Gedächtnis, Lernvermögen und das Nachlassen der intellektuellen Leistungsfähigkeit.

Dazu kommen *psychische Folgen* wie gesteigerter *Altersstarrsinn* und das Nachlassen der Anpassungsfähigkeit. Auch größere Vorsicht und Ängstlichkeit gehören zu den Veränderungen im Alter sowie eine Abneigung gegen alles Neue mit einer dadurch verengten Lebensweise. Typische Veränderungen zeigen sich auch in ausgeprägterer Ich-Bezogenheit und Charakterzügen, die bereits früher vorhanden waren, aber kompensiert werden konnten, z. B. eine erhöhte psychische Labilität mit Reizbarkeit und Verstimmungen.

Die meisten seelischen Beeinträchtigungen im höheren Lebensalter gehen auf Abbauerscheinungen des Gehirns zurück mit den Folgen: Gedächtnisdefizite, Abnahme der Urteils- und Kritikfähigkeit, gestörte Orientierung in Raum und Zeit. Die Abbauerscheinungen des Gehirns können auch zum Verlust des Bewusstseins über sich selbst führen, nicht mehr zu wissen, wer man ist. Häufig ist auch eine Steigerung bestehender Charakterzüge zu beobachten. Der Vorsichtige wird ängstlich-zurückhaltend, der Sparsame geizig, der Extrovertierte aufdringlich.

Wichtig ist die individuelle Einstellung hinsichtlich altersbedingter Veränderungen, die sowohl alten Eltern wie auch ihren sich kümmernden Kindern einen gelassenen Umgang damit erleichtern.

2.1 Das Altern der Eltern aus der Wahrnehmung der Kinder

Das Altern der Eltern ist ein schleichender Prozess. Irgendwann gibt es Momente, in denen erwachsene Kinder merken, dass ihre Eltern auf einmal klein und zerbrechlich wirken: wenn die Hände der Mutter zittern, wenn sie der Enkelin die Halskette schließen will, und dem erwachsenen Sohn auffällt, dass der Vater nicht mehr so souverän Auto fährt.

Lange bevor Pflege oder Hilfe im Haushalt Thema werden, gibt es viele kleine Anzeichen des beginnenden Autonomieverlustes, und auf einmal realisiert das erwachsene Kind: Meine Eltern werden alt!

Katrin, 43:

»Es ist noch gar nicht so lange her, da haben meine Eltern noch mit ihren Enkeln getobt, haben mit ihnen Ausflüge gemacht, sie mit in den Urlaub genommen und waren zu jedem Blödsinn zu haben. Und plötzlich erlebe ich, dass mein bisher so rüstiger 80-jähriger Vater sich im Garten auf seinen Spaten stützt und verschnaufen muss, bevor er das nächste Stückchen umgräbt. ›Volker kann das doch am Wochenende für dich machen‹, rufe ich ihm zu. Vater grummelt: ›Den Garten werde ich doch wohl noch ohne Hilfe meines Schwiegersohnes schaffen.‹ Obwohl ich die schleichende Veränderung lange erfolgreich verdrängt habe, muss ich nun erkennen, dass meine Eltern jetzt doch alt werden. Wehmut steigt in mir auf bei dem Gedanken, dass sie nicht ewig leben werden. ›Habt ihr schon mal darüber nachgedacht, wie das gehen soll, wenn ihr mal nicht mehr so könnt?‹, frage ich Papa. ›Kind, was redest du denn da?‹, wehrt er ab und wendet sich wieder seiner Gartenarbeit zu.«

Was Katrin erlebte, ist typisch. »Wir schaffen das noch gut alleine«, antworten alte Eltern ihren besorgten Kindern auf kritische Fragen und spielen ihnen vor, alles sei in bester Ordnung.

»Meine Eltern sind noch fit«, reden sich die Kinder ein und ignorieren erste Anzeichen, dass Mutter und Vater vielleicht doch auf ihre Hilfe angewiesen sein könnten. Eltern und Kinder machen sich gegenseitig etwas vor und tun so, als ob alles immer so weiterginge und fallen aus allen Wolken, wenn der Ernstfall eintritt.

Für die meisten erwachsenen Kinder ist es nur sehr schwer zu ertragen, wenn sich ihre eigenen Eltern verändern und in ihrer körperlichen und/oder geistigen Kraft nachlassen. Vor allem, wenn sich *Abhängigkeiten umkehren*, kann dies oft – übrigens von beiden Seiten – nicht leicht akzeptiert werden. Der Umgang damit erfordert ein hohes Maß an Fingerspitzengefühl, sollen gegenseitige Achtung und Akzeptanz erhalten bleiben. Hinzu kommt, dass in solchen Situationen manchmal uralte, aber nie ganz bewältigte Beziehungskonflikte sichtbar werden. Beide, Eltern wie Kinder, müssen oftmals über Jahrzehnte eingefahrene Rollen aufgeben und ein neues Verhältnis zueinander aufbauen.

Die meisten Kinder haben lange erfolgreich verdrängt, dass sich ihre Eltern – wie schon erwähnt – durch fortschreitendes Altern verändern. Die meisten wollen am Gewohnten festhalten und ihre Eltern stark und selbstständig erleben, halt so, wie immer. Irgendwann ist es aber nicht mehr zu verdrängen und zu übersehen, dass die einst starken Eltern nachlassen und hilflos werden.

Laura, 53:
»Eines Sonntagnachmittags am Kaffeetisch der Eltern fiel mir auf, dass Mutter die rechte Hand zu einer Faust ballte und sich beim Aufstehen damit auf der Tischplatte abstützte. Diese sog. ›Alte-Leute-Geste‹ sah ich zum ersten Mal bei meiner Mutter und war schockiert. Die Bluse hing hinten aus dem Rock, dort, wo der Reißverschluss war, steckte eine Sicherheitsnadel. Das gab es noch nie. Und überhaupt war ich erschrocken darüber, wie Vater und Mutter seit dem letzten Besuch geschrumpft zu sein schienen. Vater fragt zum dritten Mal, ob es im Büro gut läuft. Ich konnte nicht umhin, mich der Realität zu stellen: Meine Eltern waren alt geworden. Für mich wirft das Fragen auf: Wie lange schaffen es meine Eltern noch ohne Hilfe? Könnte ich mir vorstellen, sie zu pflegen? Wie soll ich mit ihnen darüber sprechen? Unsicherheit macht sich breit.«

So wie Laura eines Tages mit der Realität des Alterns ihrer Eltern konfrontiert wurde, so ist das Altern der Eltern auch ein Anlass, sich als erwachsene Kinder mit dem eigenen Altwerden auseinanderzusetzen.

Das Beispiel Laura zeigt darüber hinaus Folgendes: Wenn die Eltern bedürftiger werden, ist das ein Abschied von der »Kind-Rolle«. Plötzlich ist man selbst der- oder diejenige, die sich Sorgen macht, wenn sich die Mutter eine Woche lang nicht meldet oder sich aufregt, wenn der Vater erzählt, dass er beim Saubermachen der Regenrinne fast von der Leiter gefallen wäre. Ohne viel darüber nachzudenken, übernimmt man größere Einkäufe, erklärt der Mutter, was eine SMS ist, oder trägt dem Vater den Koffer. Es fühlt sich ein bisschen seltsam an, wenn die Eltern einen häufiger um Rat fragen oder ängstlich auf neue Situationen reagieren, die sie früher kein bisschen erschreckt hätten. Plötzlich findet man sich in der Position der Erfahreneren wieder – und das, obwohl man doch viel jünger ist. Das Generationenverhältnis verschiebt sich, manchmal schleichend, manchmal auf einen Schlag. Am deutlichsten wird das, wenn ein Elternteil erkrankt oder stirbt.

Matthias, 39:

»Das Altern meines Vaters ist mir bewusst geworden, als er mir beim Bauen eines Gartenhauses half. Ausgerechnet er, der in seinem Leben so viel gebaut hatte, zeigte sich plötzlich unsicher beim Ausmessen. Noch unsicherer ist er beim Autofahren.«

Was Matthias beobachtet hat, verunsichert, und die Frage taucht erstmalig auf: »Wie lange schaffen die Eltern es noch, allein zu leben?«

Treten die Eltern in eine neue Phase ein, indem sie zunehmend hilfebedürftig werden, müssen neue Wege und Rollen gefunden werden, alte Muster sind plötzlich hinfällig.

Benötigen (alte) Eltern tatsächlich Hilfe von ihren erwachsenen Kindern, fällt dies meist in eine Zeit, in der diese stark beansprucht werden:

- von pubertären oder sich im Auszug befindenden Kindern, die emotional oder finanziell unterstützt werden wollen
- vom eigenen Job
- und dann auch noch von den alten Eltern.

Verstärkung extremer Charaktereigenschaften:

Mit dem Alter können sich Charaktereigenschaften verstärken und den Umgang erschweren. Mimosen, Besserwisser, Querulanten, Choleriker und Narzissten kennt wohl jeder von uns. Im Alter scheinen sich auch destruktive Charaktereigenschaften zu verstärken und diese können anderen das Leben zur Qual machen. Das führt zur Vereinsamung dieser Menschen, weil dadurch ein normaler Umgang mit anderen erschwert wird.

Eine besondere Herausforderung kommt auf die Kinder narzisstischer Eltern zu, wenn diese im Alter bedürftig werden und ihr Leben nicht mehr allein regeln können. Dann fühlen sich viele Kinder emotional dazu aufgefordert, den Eltern zur Verfügung zu stehen.

Besonders narzisstische alte Mütter leiden im Alter viel mehr als andere Senioren unter der zunehmenden Einsamkeit, mangelnder Anerkennung, vermehrten gesundheitlichen Problemen sowie dem unaufhaltsam fortschreitenden Altern. Der schleichende Abbau ihrer Vitalität macht sie verdrossen und führt in der Regel dazu, dass ihre negativen Seiten noch mehr zutage gefördert werden.

Das kann in der Phase der Rollenumkehr für pflegende Kinder zum seelischen Stresstest werden, denn narzisstische Mütter haben im Alter ein großes Problem damit, ihre Bedürftigkeit anzuerkennen, sich in die Hände anderer zu begeben bzw. sich deren Entscheidungen unterzuordnen. Ein Leben lang haben sie in dem Glauben gelebt, stark und unabhängig zu sein und auf die Hilfe anderer gut verzichten zu können. Und nicht nur das: Sie haben sich stets das Recht herausgenommen, sich über andere zu stellen und ihnen zu sagen, was richtig und was falsch ist. Und nun sollen sie es auf einmal ertragen, wenn andere sie belehren und ihnen Anweisungen geben.

Wer sich sein Leben lang groß gefühlt hat, dem fällt es schwer, sich im Alter plötzlich klein vorkommen zu müssen. Narzisstische Mütter wehren sich im Alter gegen die drohende Umkehrung ihres Selbstbildes und nehmen daher ihren zunehmenden körperlichen und geistigen Verfall zum Anlass, sich zukünftig die ungeteilte Aufmerksamkeit zu sichern und Menschen an sich zu binden.

Körperliche Gebrechen werden dramatisiert, Hilflosigkeit bei alltäglichen Aufgaben wird perfekt vorgetäuscht, Notsituationen werden absichtlich erzeugt und das Jammern über ihre Einsamkeit wird theatralisch inszeniert.

Wenn sie schon alt werden müssen und akzeptieren sollen, dass ihre Attraktivität von einst, ihre frühere Leistungsfähigkeit, ihr Image und ihre Beliebtheit verlorengegangen sind, dann wollen sie sich wenigstens in ihrem Abbau als grandios erleben. Oder sie tun weiterhin so, als könnte ihnen das Alter überhaupt nichts anhaben und als wären sie so jung, hübsch und leistungsfähig wie eh und je. Sie gaukeln allen vor, sie hätten nach wie vor den totalen Durchblick und könnten locker mit anderen mithalten, was aber einfach nur peinlich und bemitleidenswert wirken kann.

Für bereitwillige Helfer – meist die Kinder der Narzisstin – ist es alles andere als leicht, den eigenwilligen Wünschen und Vorstellungen ihrer narzisstischen Mütter im Alter gerecht zu werden. Um nicht überfordert zu werden, ist dann Selbstschutz und heilsame Distanz gefragt.

Judith, 49:

»Meine Mutter ist inzwischen 79, spielt auch jetzt noch die ›Drama-Queen‹, wenn ich nicht sofort zur Stelle bin, wenn sie etwas will. Obwohl sie nach einem Schlaganfall total auf mich angewiesen ist, mäkelt sie ständig an mir herum und vermittelt mir mit ihrer Dauerkritik den Eindruck, dass mit mir etwas nicht stimmt.«

In der Diskussion über das »Altern in unserer Gesellschaft« werden »giftige«, schwierige alte Menschen, die ihre Umgebung atmosphärisch vergiften, tabuisiert. Kümmernde Kinder leiden aber nicht selten unter dem extremen Charakter ihrer Eltern. Damit sie selbst nicht auf der Strecke bleiben, bleibt ihnen oft nur die Option, zum Selbstschutz auf Distanz zu gehen und Hilfe für ihre alten Eltern zu delegieren.

Misstrauen

Das Alter stimmt nicht jeden milde: Oft werden Senioren ungerecht und misstrauisch. Die Skepsis gegenüber anderen Menschen kann im Laufe der Jahre durch Enttäuschungen und negative Erfahrungen zunehmen. Zu Konflikten kommt es in der Phase der Rollenumkehr immer wieder durch Misstrauen der Eltern gegenüber ihren Kindern. Selbst die engsten Angehörigen werden beispielsweise verdächtigt, ihnen etwas entwendet, »gestohlen« zu haben. Das Misstrauen ist umso stärker, je ausgeprägter der Autonomieverlust und die Abhängigkeit von den Eltern wahrgenommen wird.

Misstrauen entsteht im Kopf und ist ein Schutzmechanismus, der von Mensch zu Mensch unterschiedlich stark ausgeprägt sein kann. Eine ganz gewichtige Rolle spielen hierbei das Grundvertrauen und Erfahrungen mit Verlässlichkeit bzw. Unzuverlässigkeit. Misstrauen kann aber auch durch politische Erfahrungen geprägt sein, z.B., dass in der ehemaligen DDR engste Vertraute, Ehepartner, Freunde und sogar die eigenen Kinder manipuliert und im Sinne der Staatssicherheit (Stasi) gegen ihre Eltern als Spione eingesetzt wurden. Eltern, die durch ihre ideologisch vereinnahmten Kinder verraten wurden, haben ein Trauma erlebt, das bei vielen zu einem unheilbaren Vertrauensbruch geführt hat. Sie können niemandem mehr vertrauen, auch ihren eigenen missbrauchten Kindern nicht.

Jule, 53:

»Ich habe meine Eltern als 8-Jährige durch eine Fangfrage in der Schule verraten, dass sie Westfernsehen schauten. Meine Lehrerin hatte herausbekommen, wer von uns Grundschülern Westfernsehen sieht und wer nicht und stellte die scheinbar harmlose Frage: ›Hat das Testbild nur Kästchen oder auch Balken?‹ Ich bin darauf hereingefallen und meine Eltern bekamen Probleme mit der Stasi.«

Manchmal – zumindest, wenn Vertrauen missbraucht worden ist – kann Misstrauen berechtigt sein. Oft ist zu beobachten, dass

Menschen in höherem Alter misstrauisch werden. Hier spielen vor allem Übergriffe und bittere Enttäuschungen im engsten Umfeld eine entscheidende Rolle. Je näher einem alten Menschen die Person steht, die sie enttäuscht hat, desto stärker trifft sie das Misstrauen. Besonders kränkend ist es, wenn alte Eltern grundlos misstrauisch ihren eigenen Kindern gegenüber werden.

Oft gibt es aber keinen wirklichen Grund für Misstrauen, besonders dann nicht, wenn sich dieses Gefühl gegen wohlwollende nahe Personen richtet, z.B. gegen die betreuenden Kinder.

Geiz

Auch Geiz (Altersgeiz) führt während der Phase der Rollenumkehr häufig zu Konflikten. Dabei handelt es sich um ein eher häufiges Phänomen bei alten Menschen, das vordergründig einfach zu erklären ist: Es ist der Ausdruck der Angst, dass das vorhandene Geld für den Rest des Lebens nicht reichen könnte.

Verstehen lässt sich Altersgeiz nur dadurch, dass ein geiziger Mensch in Wirklichkeit verängstigt ist und sein Leben aus einem Kontrolldrang heraus organisiert. Es hat schon Geizkragen gegeben, die erfroren sind, weil sie kein Geld für eine Heizung ausgeben wollten.

Hella, 61:

»Meine Eltern haben zwei gute Renten, wehren aber alles ab ›brauchen wir nicht‹. Sie sparen an Heizkosten, indem sie sich abends in Decken hüllen und essen 3x die Woche Pellkartoffeln mit Quark, weil alles andere zu teuer ist. Wenn ich für sie das Haus putze (eine Putzfrau kommt nicht infrage, ist zu teuer), erlauben sie weder heißes Wasser oder Putzmittel. Es ist nicht einfach mit ihrer Knauserei. Lebens-

freude oder Lebensgenuss ist für Sie ein Fremdwort. Sie freuen sich, wenn sie etwas gespart haben.«

Wenn sich der Geiz, bzw. die extreme Sparsamkeit, auf alte Eltern selbst bezieht, ist das zwar nicht verständlicher, aber eher zu akzeptieren, weil es deren selbstbestimmte Entscheidung ist, so zu leben. Schwieriger ist es, wenn bei Geschenken gegeizt wird.

Corinna, 54:

»Meine Eltern sind wohlhabend, aber geizig. Obwohl unsere ganze Familie stets für sie im Einsatz ist, gibt es zu Weihnachten gestrickte Socken, Altes vom Trödelmarkt, Ein-Euro-Lose aus der Kirchgemeinde oder gelesene Bücher. Alles atmet Geiz und Sparsamkeit, aber nicht Wertschätzung oder die Idee, uns wirklich eine Freude zu machen. Es sind Geschenke, die uns eher kränken als erfreuen.«

Altersgeiz bezieht sich nicht nur auf Materielles, oft verhindert auch emotionaler Geiz die Lebensqualität sowohl der Betroffenen als auch der ihres Umfelds. Das Schlimmste ist, dass von Altersgeiz Betroffene auch mit ihren Emotionen geizen.

Geiz ist für die Betroffenen eine unangenehme Eigenschaft, um es vorsichtig auszudrücken. Er erniedrigt die Menschen, isoliert sie und schafft Isolation. Sie selbst merken ihr bizarres Verhalten gar nicht, im Gegenteil, sie erfreuen sich sogar daran.

Nörgeln und Jammern

Nörgeln und Jammern der Eltern sind in der Rollenumkehr für erwachsene Kinder eher destruktiv und nervig, für ihre Eltern geht es darum, Zuwendung, Trost und Anerkennung zu bekommen. Bei Kindern würde man vom »chronischen Aufmerksamkeitssyndrom« sprechen.

Der Nachbar macht schon wieder zu laut Musik, in den Nachrichten hört man nur noch von Katastrophen und überhaupt, die Brötchen vom Bäcker waren auch schon mal besser. Es ist zu kalt, zu heiß, zu nass, zu trocken oder gerne auch mal alles zusammen.

Der Umgang mit nörgelnden, jammernden Eltern ist anstrengend, zehrt an den Nerven und raubt unglaublich viel Energie. Der einfachste Weg wäre es, ihnen aus dem Weg zu gehen. Häufig geht das aber nicht. Wenn eine Flucht nicht möglich ist, braucht es gute Strategien.

Chronische Jammerer haben in ihrer Prägungsgeschichte erfahren, dass sie über Klagen und Nörgeln verlässlich Aufmerksamkeit und Zuwendung bekommen und diesen Zustand wollen sie unbedingt erhalten. Dabei bemerken sie aber nicht, dass sie ihre Kinder damit überfordern.

Pflegende Kinder müssen sich gegen das Nörgeln und Jammern ihrer Eltern immunisieren. Ein Wundermittel ist etwa, eine Weile zuzuhören und dann zu fragen: »Und was wirst du nun tun, um das Problem zu lösen? Hast du schon eine Idee?«

Das unterbricht die Opfer-Selbsthypnose. Falls Eltern darauf bockig reagieren und weiterjammern wollen, kann man ungerührt ablenken und zum nächsten Thema übergehen.

Lassen Sie sich von den Jammerkaskaden nicht herunterziehen, sondern lassen Sie sie an sich ablaufen wie Wasser an einem Stein. Verschwenden Sie keine Energie auf Ratschläge, die sowieso abgeschmettert werden. Alten Eltern, die alles mies finden, Lösungen anzubieten, ist nicht die Methode der Wahl, denn sie wollen keinen Rat, sondern nur eine »Klagemauer«, an der sie ihren Frust auslassen können.

2.2 Das Altern aus der Wahrnehmung der Eltern

Alternde Eltern haben eine eigene Wahrnehmung ihres Älterwerdens. Sie bemerken, dass sie anfälliger für Krankheiten werden, dass Bewegungsfähigkeit und Sinneswahrnehmung nachlassen, dass sie eventuell ihren Führerschein abgeben oder auf Reisen verzichten müssen und sich dadurch ihr Aktionsradius verengt. Das verunsichert und macht Angst.

Statt sich mit diesen Ängsten auseinanderzusetzen, werden sie häufig verdrängt. Viel zu selten reden Eltern mit ihren Kindern darüber, wie sie im Alter leben wollen und wer für sie entscheiden soll, wenn sie es selbst nicht mehr können. Dabei wäre es für alle Beteiligten eine Beruhigung, wenn Patienten- und Vorsorgeverfügung sowie ein Testament beizeiten hinterlegt würden.

Wie die altersbedingten Veränderungen fälschlich wahrgenommen werden können, zeigt eine Seniorin unserer Zeit:

- Es fiel mir auf, dass alles weiter entfernt ist als vor einigen Jahren. Es ist sogar zweimal so weit zur Straßenecke und ein Hügel war früher auch nicht da.
- Das Rennen zum Bus habe ich ganz aufgegeben, er fährt jetzt immer zu früh ab.
- Die Treppen sind auch höher als in den goldenen Jahren.
- Auch Bücher und Zeitschriften werden mit kleineren Buchstaben gedruckt.
- Aber es hat auch keinen Sinn, jemanden ums Vorlesen zu bitten, da jeder so leise spricht, dass man ihn kaum hören kann.

- Zu den Kleidern wird zu wenig Stoff verwendet, besonders um die Hüfte.
- Auch die angegebenen Größen fallen kleiner aus als früher.
- Sogar die Menschen verändern sich, sie sind viel jünger als wir in ihrem Alter waren.
- Andererseits sind die Leute unseres Alters so viel älter als wir.
- Ich traf neulich eine Klassenkameradin, die war so alt, dass sie mich nicht mehr erkannte.
- Ich dachte an das arme Wesen, während ich meine Haare kämmte.
- Und als ich in den Spiegel sah, auch Spiegel sind nicht mehr das, was sie einmal waren.[3]

Wie alte Eltern ihre Veränderung durch das Altern selbst wahrnehmen, ist sehr gut zu erkennen an einem Brief einer alten Mutter an ihr Kind:

Mein liebes Kind,

verzeih, dass meine Schrift so zittrig
und voll Fehler ist
meine Hände zittern und mein Gedächtnis
lässt nach
84 Jahre fordern ihren Tribut

verzeih, wenn ich dich nicht immer
verstehe und mein Fernseher so
laut eingestellt ist
ich höre nicht mehr gut und ein Hörgerät

erschreckt mich
84 Jahre fordern ihren Tribut

verzeih, wenn auch meine Zunge und
meine Nase ihren Dienst verweigern
und meine Augen durch den grauen Star
nur noch verschwommen sehen
84 Jahre fordern ihren Tribut

verzeih mir, liebes Kind,
dass ich alt geworden bin, sehr alt,
und dass ich oft nicht bemerke, wie alt
mein Körper mit seinen Funktionen
geworden ist

In meinem Herzen bin ich noch die gleiche,
das Kind, das ich einmal war,
das junge Mädchen, die Frau, die deinen Vater
geheiratet hat, die Mutter, die dich
geliebt hat und immer noch liebt.

Nur mein Gedächtnis bringt manchmal
die Zeiten durcheinander und manchmal
auch die Personen und Orte.
Ich weiß dann nicht mehr so genau,
bin ich die Mutter oder die Tochter.
In den klaren Momenten, die ich habe,
öfter als du glaubst, verletzt es mich,
wenn du mich behandelst, als sei ich ein
Kind oder schwachsinnig.

Ich weiß, mein Kind, es ist schwer für dich,
obwohl oder weil du mich liebst,
ich war für dich immer die starke, die liebevolle,
die verständnisvolle Mutter, ein Vorbild für dich,
und nun kannst du nicht akzeptieren, dass ich alt bin
und gebrechlich an Geist und Seele.

Es ist auch schwer für mich ... Bitte, mein Kind,
lass mir einen Rest an Würde,
übersieh die Flecken auf der Kleidung
lass den Fernseher laut und wenn ich
dich nicht verstehe, sag es noch einmal
langsam und deutlich ohne zu schreien,
ich verstehe dich dann
gib mir Salz und Pfeffer zum Essen,
dann kann ich selbst nachwürzen
und lass mich nicht im Haus allein,
dann kommen auch keine Fremden
die manchmal den Freunden aus alter Zeit
so ähnlich sehen,

und wenn es gar nicht mehr geht, liebes Kind
- ich weiß, es kann noch viel schlimmer werden –
dann such mir ein freundliches Haus
mit freundlichen Schwestern
die mich versorgen und akzeptieren
können - so wie ich bin
eine fremde sehr alte Frau.

Trauere nicht um mich, mein Kind
ich gehe nur den Weg, den alle gehen

du musst mich nicht begleiten
bei den letzten Schritten
und sollst nicht durch mich leiden
- nur bei dem allerletzten Schritt
da wünsche ich mir, Deine Hand
die mich hinübergeleitet
vom Leben in den Tod.[4]

Überforderung mit den Anforderungen des Alltags

Überforderung mit den Anforderungen des Alltags tritt manchmal von einem Tag auf den anderen ein, und zwar dann, wenn z.B. durch einen Schlaganfall, einen Herzinfarkt oder einen Unfall von heute auf morgen nichts mehr ohne fremde Hilfe geht. Meist aber tritt sie schleichend auf und es ergibt sich dann die Frage für die Kinder alter Eltern: Wann muss ich eingreifen?

Wenn man älter wird, ändert sich vieles. Noch vor kurzem waren stundenlange Fahrradtouren kein Problem, auf einmal weigern sich die Knie, in die Pedale zu treten. Und auch im Alltag tauchen überall kleine Hürden auf – den Rasen mähen, Einkaufstaschen schleppen und den Haushalt machen fallen immer schwerer.

Zu Beginn sind es nur wenige Momente, in denen erwachsene Kinder bemerken, dass ihre Eltern auf einmal vergesslich werden oder seltsame Eigenarten an den Tag legen. Vater und Mutter wirken plötzlich nicht mehr groß und stark, sondern klein und zerbrechlich. Es fällt Kindern auf, wenn sporadisch die Hände zittern oder nicht mehr so souverän Auto gefahren wird. Unsicherheiten schleichen sich in den Alltag ein und die alte

Ordnung mit den einst belastbaren Eltern erhält erste Risse. Schon lange, bevor Pflege und Betreuung überhaupt zum Thema werden, kündigt sich eine *Rollenumkehr* zwischen Eltern und Kindern an.

Die Erkenntnis, dass die Eltern alt werden, ist beängstigend. Bislang wurden noch kaum Gedanken an das Alter der Eltern verschwendet und plötzlich verspüren Kinder einen Stich, wenn sie sehen, wie mühsam sich Mutter und Vater durch den Alltag bewegen. Bald werden es die Eltern sein, die Fürsorge und Schutz benötigen.

Und auch dann, wenn sich niemand diese Rollenumkehr wünscht, helfen Informationen und Planungen weiter, um für alle Beteiligten auf positive Art und Weise mit dem Thema umzugehen.

Was bei kümmernden Kindern aber auch einen enormen Druck ausübt, sind Eltern, die sich gegen die Hilfe wehren. Eltern sagen häufig: »Ich brauche keine Putzhilfe, keinen Rollator, und Auto fahren kann ich auch - ich komme wunderbar zurecht.«

Die Kinder sehen aber gleichzeitig, dass das faktisch nicht stimmt. Ich habe mit vielen Angehörigen gesprochen, die irgendwann auf einen Stapel ungeöffneter Rechnungen gestoßen sind oder beim Blick in den Keller gesehen haben, dass offenbar monatelang keine Wäsche mehr gewaschen wurde.

Diana, 62:
»Meine Eltern, 87 und 89 Jahre alt, gehören zu jener Generation der Kriegskinder, deren frühes Leben von Bomben, Tod, Flucht und Vertreibung bestimmt war. Sie gelten als eine Generation, die sich Gebrechlichkeit nicht eingestehen will und sich wehrt, wenn sie plötzlich abhängig wird. Gut ein Jahr lang glaubte auch ich, dass sie es noch

eine Weile schaffen könnten, allein zurechtzukommen. Doch dann wurde mein Vater durch einen Schlaganfall zum Pflegefall und meine Mutter hielt an ihrem alten Leben fest. Sie war nicht bereit zuzugeben, dass ihr Ehemann eine Last war, dass der eigene Körper nicht mehr so konnte, wie sie es gern wollte. Sie gab weiter die perfekte Hausfrau. Sie putzte, wusch, kochte und ging einkaufen, mähte nun auch noch den Rasen, schleppte Wasserflaschen, sprach mit Ärzten und Krankenkassen, füllte Formulare aus, zog meinem Vater morgens die Thrombosestrümpfe an und nachmittags wieder aus, bis er schließlich Pflegegrad 2 bekam. Hilfe, die ich ihr anbot, nahm sie nur widerwillig an. Ein Jahr lang hielt sie durch, dann kam sie an ihre Grenzen. Ihr Körper baute ab, sie wurde immer dünner und vergesslicher. Mir war klar, dass es so nicht weitergehen konnte. Meine Eltern flohen immer mehr vor der Realität. Nicht einmal ein Duschhocker sollte in ihrem Badezimmer stehen. Ihre Devise: ›Es geht schon irgendwie.‹ Wie groß die Belastung für mich wurde, haben meine Eltern gar nicht mitbekommen.«

Das Beispiel zeigt, obwohl die ersten Anzeichen der Hilfebedürftigkeit gern verdrängt werden, ist es irgendwann so weit: Das, was mit kleiner Unterstützung am Computer und dem Ausfüllen von Formularen begann, weitet sich zunehmend aus. Irgendwann gelingt es den Eltern nicht mehr, ihr Leben allein zu meistern. Sie sind mit den Anforderungen des Alltags überfordert und brauchen immer mehr Hilfe und Unterstützung.

Kontrollverlust

Mama vernachlässigt ihre Hygiene, Papa fährt trotz Rotlichtes an der Ampel los, im Kühlschrank stapeln sich vergammelte Lebensmittel und wenn es im Haus der Eltern übel riecht, wird deutlich, dass die Eltern mehr oder weniger die Kontrolle über ihr Leben verlieren. Nur selten gelingt es den Kindern, das Gespräch darüber anzustoßen und so zu führen, dass eine respektvolle Lösung gefunden wird.

Die Eltern werden zwar hilfebedürftig und verlieren die Kontrolle über ihr Leben, aber sie werden nicht unempfindlich für Emotionen. Sie spüren sehr deutlich die Verluste – auf allen Ebenen – vor allem, dass sie keine Entscheider mehr sind. Und wenn ihre Kinder ihnen in dieser Situation auch noch »schlaue« Lösungen präsentieren, ist die Konfrontation programmiert.

Wenn Eltern älter werden, verlieren sie nicht nur die Kontrolle über ihren Alltag und ihr Leben, sondern auch über Geld, Finanzen, Steuern und Versicherungen.

Viele Kinder registrieren dies irgendwann bei ihren betagten Eltern. Rechnungen werden entweder gar nicht oder sogar doppelt bezahlt, mehrfach Sterbegeldversicherungen abgeschlossen und Arztgespräche und Diagnosen können nicht mehr genau verstanden werden.

Doch wie ist es möglich, sich als kümmernde Kinder einen genauen Überblick zu verschaffen?

Dazu gehört zuerst, Dokumente und Unterlagen zu sichten: Wo befinden sich eigentlich die Finanzunterlagen der Eltern? Welche Unterlagen gibt es? Am besten ist es, dies gemeinsam mit den Eltern zu machen, um zu signalisieren, dass man ihnen helfen, sie aber nicht »entmündigen« möchte.

Zu Beginn reicht es, wenn die Eltern Ordner mit den wichtigsten Unterlagen anlegen und Kinder im Ernstfall darauf zugreifen können. Wer sich genauer kümmern möchte, sollte sich Details anschauen:

- Welche Einnahmen gibt es?
- Welche Ausgaben?

- Was wird wann überwiesen?
- Welche Rücklagen sind vorhanden?
- Was für Renten und Sparverträge?

Die Erfahrung zeigt, dass viele ältere Menschen zuerst bei langlaufenden Verpflichtungen die Übersicht verlieren. Um frühzeitig Probleme im Erbfall zu erkennen, sollten Kinder dann auch Grundbucheinträge, Kredite oder ähnliche längerfristige Rechte und Verpflichtungen prüfen. Oft ist beispielsweise eine Grundschuld für eine Bank, Bausparkasse oder Versicherung noch im Grundbuch eingetragen, obwohl der Kredit längst getilgt ist. Wird dies noch zu Lebzeiten ausgetragen, erleichtert dies später den Erbfall.

Der schwierigste Teil besteht in der Entscheidung, was die Eltern noch benötigen und was womöglich gekündigt werden kann. Solange die Eltern fit sind, sollte man ihnen dabei helfen und nicht eigenmächtig vorgehen. Gekündigt werden können z.B. Vereinsmitgliedschaften, die nicht mehr wahrgenommen werden, sowie unnötige Versicherungen.

Betreuende Kinder sollten besonders achtsam mit dem Kontrollverlust ihrer alten Eltern umgehen, denn für sie ist das sehr schmerzhaft. Alte Eltern erleben Unsicherheit und eine Kränkung ihres Selbstwertgefühls. Durch immer weitreichendere Abhängigkeit von ihren Kindern wird das Selbstbild alter Eltern beschädigt und das kann depressiv oder aggressiv machen.

Scham

Auch Scham über den körperlichen Kontrollverlust, z.B. durch Inkontinenz, kann den Umgang mit alten Eltern erschweren.

Ob Lachanfall, Husten oder Niesen – manchmal reichen Kleinigkeiten aus, und ältere Menschen können den Urin nicht mehr halten. Obwohl Blasenschwäche im Alter weit verbreitet ist, ist Inkontinenz häufig ein Tabuthema. Für viele Pflegebedürftige und Pflegende ist es schwer, bei diesem intimen Thema Hilfe anzunehmen oder Hilfe zu leisten. Als ersten Schritt sollten Sie jedoch mit dem Pflegebedürftigen offen über das Thema sprechen: Was sind seine Ängste und Wünsche? Aber auch Sie können als pflegender Angehöriger Ihre Sorgen ansprechen, denn das Thema Inkontinenz benötigt gegenseitiges Einfühlungsvermögen und Taktgefühl.

Die Harninkontinenz ist charakterisiert durch den unwillkürlichen Verlust von Urin und ist eine häufige Begleiterscheinung des Alters. Bei einer Harninkontinenz kann Harn nicht mehr gehalten werden. Häufig ist sie auf eine Störung im System aus Blasenmuskulatur, Schließmuskel und Beckenbodenmuskulatur zurückzuführen.

Wer von Inkontinenz betroffen ist, leidet unter Unsicherheit und Scham. Die meisten Betroffenen empfinden das Thema Inkontinenz als unangenehm, weil es intimste Bereiche berührt.

Infektionen sowie Scham und Isolation sind häufige Begleiterscheinungen von Inkontinenz. Beides kann die Lebensqualität wesentlich beeinträchtigen und zu sozialer Isolation führen.

Bei Inkontinenz muss die nächste Toilette stets schnell erreichbar sein. Das kann den Alltag stark einschränken und dazu führen, dass alte Eltern sich nicht mehr aus dem Haus trauen und frühere Aktivitäten meiden.

Alte Menschen, die von Inkontinenz betroffen sind, erfahren einen peinlichen körperlichen Kontrollverlust und schämen sich dafür vor sich selbst und vor anderen. Aus diesem Grund entwickeln die Betroffenen eine Reihe von Strategien, um soziale und körperliche Kontrolle zurückzugewinnen. So schränken sie beispielsweise ihre Flüssigkeitsaufnahme ein, tragen prophylaktisch Vorlagen, nutzen Kleidung, die einen möglichen Harn- oder Stuhlverlust kaschiert, und haben, egal wo sie sich befinden, beharrlich die nächste Toilette im Blick.

Meist gibt es eine Reihe an Hinweisen, die dafürsprechen, dass alte Eltern die eigene Harnblase nicht mehr so gut unter Kontrolle haben wie früher. Je mehr von diesen Anzeichen zutreffen, umso sicherer können Sie sich sein, dass sie von einer Inkontinenz betroffen sind:

- Geruch nach Urin, entweder an der Person selbst oder im Haus bzw. in der Wohnung.
- Ihre ehemals aktiven Eltern gehen nicht mehr ins Konzert, sondern ziehen sich immer stärker zurück und möchten nur noch für kurze Zeit das Haus verlassen.
- Es werden nur dann Ausflüge oder Aktivitäten unternommen, wenn klar ist, dass vor Ort Toiletten vorhanden sind.
- Häufiges Wechseln von Kleidung.
- Flecken an Kleidung oder auf Sitzen.
- Treffen werden möglichst kurzgehalten.
- Sie entdecken plötzlich Slipeinlagen im Bad.
- Ihre Eltern trinken auffällig wenig.

Ratschläge für den Umgang mit inkontinenten Menschen

Inkontinenz kann für Betroffene eine große psychische Belastung sein. Oft mindert sie das Selbstwertgefühl und löst Scham sowie Ängste aus. Schließlich empfindet es eine erwachsene

Person als entwürdigend, Windeln tragen zu müssen, sich diese von jemandem wechseln zu lassen und stets aufpassen zu müssen, dass kein Malheur passiert. Umso wichtiger ist es, dass sich pflegende Angehörige und Pflegekräfte taktvoll verhalten und viel Fingerspitzengefühl an den Tag legen. Folgendes sollten Sie als Pflegender unbedingt beachten:

- Sprechen Sie mit Ihren alten Eltern nie in Babysprache über das Thema. So sollten Sie beispielsweise niemals sagen: »Diesmal hast Du's ja doch aufs Töpfchen geschafft.« Derlei Sprüche sind für Betroffene wie Salz auf offener Wunde, denn sie machen ihre größte Angst wahr: dass sie wie kleine Kinder behandelt werden, weil sie – genau wie diese – ihr Geschäft nicht auf die richtige Weise verrichten können.
- Wenn Sie Ihren Eltern bei der Intimpflege helfen, sollten Sie auf keinen Fall zeigen, dass Sie sich ekeln, z.B. indem Sie bei einem bestimmten Anblick oder Geruch das Gesicht verziehen.
- Seien Sie immer diskret: Sprechen Sie nicht in Anwesenheit von Besuch über Windelwechsel oder sonstiges, was mit der Inkontinenz des oder der Betroffenen zu tun hat. Und auch wenn kein Besuch da ist, sollten Sie das Thema eher vermeiden.
- Gleichzeitig sollten Sie sich aber auf keinen Fall vor einem offenen Gespräch über das Problem verschließen. Falls sich ein Anlass ergibt, kann es hilfreich sein, Ihren Eltern zu kommunizieren, dass sie sich nicht für ihre Blasenschwäche zu schämen brauchen.

Isolation und Einsamkeit

Isolation und Einsamkeit sind häufige Begleiterscheinungen des Alters, die oft durch begrenzte Mobilität verstärkt werden. Besonders nach Unfällen wie beispielsweise Stürzen oder dem Auftreten von chronischen Erkrankungen fehlt vielen alten Menschen die Energie, die Wohnung aus eigener Kraft zu verlassen, um neue Kontakte zu knüpfen. Altersarmut ist ein weiterer Risikofaktor, der Einsamkeit im Alter begünstigen kann.

Die soziale Isolierung alter Eltern findet sowohl schleichend als auch in Schüben statt und führt – wenn dagegen nichts unternommen wird – zur unerträglichen Isolation und Einsamkeit. Die großen Einschnitte sind der Verlust des Arbeitsumfeldes, der Auszug der Kinder aus dem gemeinsamen Haushalt, möglicherweise der Verlust des geliebten Haustieres, Veränderungen der Wohnumgebung, eventuell Scheidung und der Tod des Partners. Dann kommen noch krankheitsbedingte Vorfälle dazu, die ebenfalls isolieren.

Zu den schleichenden Veränderungen zählen die nachlassenden Möglichkeiten zum Reisen, Ehrenämter wahrzunehmen, die täglichen Besorgungen außer Haus zu erledigen und der Verlust von anderen Möglichkeiten, sich in der Öffentlichkeit zu bewegen und dort Kontakte zu schließen oder zu pflegen. Das Schließen eines nahen Geschäfts kann dazu gehören, aber auch Veränderungen im Freundeskreis. Wenn zum Beispiel in einem langjährigen Freundeskreis ein Mitglied an Demenz erkrankt, dann führt das zu dramatischen Auswirkungen auf alle anderen. Vereinbarungen können dann nicht mehr getroffen und eingehalten werden und selbst langjährige Freundschaften werden dann zu anstrengend, werden deshalb zunehmend gemieden und lösen sich auf.

Je älter die Eltern werden, desto öfter verlieren sie Freunde, Verwandte und Bekannte, und das nicht nur durch Tod, sondern auch durch *Persönlichkeitsveränderungen.* Wenn die einst verständnisvolle, beste Freundin mit zunehmendem Alter zur mürrischen, jähzornigen, ungerechten, verbitterten Grantlerin wird oder immer misstrauischer und aggressiver reagiert, fallen oft jahrzehntelange Freundschaften auseinander und begünstigen die Einsamkeit, weil solche Kontakte im Alter kaum mehr kompensiert werden können. Zudem altern Menschen unterschiedlich und das kann bei denen, die schneller altern und mehr Verluste hinnehmen müssen, zu Aggressionen und Neid führen, was Freundschaften auf den Prüfstand stellt. Vor allem der *geistige Abbau* kann eine ehemalige Freundschaft so sehr belasten, dass man nach Jahrzehnten nichts mehr miteinander anzufangen weiß.

Darüber hinaus verlieren viele alte Eltern ihre Autonomie, werden von der Hilfe anderer abhängig und müssen vielleicht sogar ihre gewohnte Umgebung aufgeben. Wen wundert es bei einer solchen Häufung von Verlusten, dass alte Menschen sich einsam und unverstanden fühlen.

»Das Altern ist eine Kette von Verlusten«, erklärte mir eine alte Frau.

In der modernen Gesellschaft haben es alte Menschen schwer. Das familiäre Netz trägt nicht mehr, es droht die kollektive Vereinsamung. In vielen Großstädten sind mittlerweile ganze Stadtteile vergreist. Um alte Menschen kümmert sich niemand mehr.

Helene, 78:

»Früher war ich immer unterwegs. Ein Unfall brachte mich in den Rollstuhl. Ich wollte mein Nachthemd wegräumen, da bin ich über ein

Kabel gestolpert. Im Fallen habe ich gespürt, wie mein Hüftknochen knirschte. Danach war es vorbei mit den Spaziergängen. Seitdem komme ich nicht mehr aus dem Haus. Die kopfsteingepflasterten Bürgersteige bei uns am Berg sind zu steil, als dass ich sie allein im Rollstuhl meistern könnte. Seit meinem Unfall lebe ich wie eine Gefangene in meinem Haus. Außer meiner Tochter, die regelmäßig vorbeischaut, habe ich keine Außenkontakte.«

So wie Helene leben viele alte Menschen aus unterschiedlichsten Gründen allein und sozial isoliert. Wirtschaftlich geht es vielen alten Menschen schlecht, weil sie oft sehr niedrige Renten haben. Die Wohnungen sind fast immer alt und entsprechen selten den Bedürfnissen alter Menschen, oft gibt es nicht einmal einen Aufzug.

Sich im Alter allein gelassen zu fühlen und wegen ihrer Behinderung isoliert zu sein, darüber klagt Helene manchmal:

»Weil es mir so schlecht geht, ziehen sich alle, mit denen ich früher regelmäßigen Kontakt hatte, zurück. Als es mir noch gut ging, kamen jeden Samstag Freunde und wir hatten viel Spaß miteinander.«

Einsamkeit ist die eigentliche Krankheit, die mit dem Altern einhergeht. Die Angst vor der Einsamkeit im Alter ist weit verbreitet. Einsamkeit beginnt oft schon damit, dass körperliche Einschränkungen es unmöglich machen, das Haus zu verlassen. Kontakte schlafen dann langsam aber sicher ein. Wer seine Wohnung nicht mehr verlassen kann, wird nicht mehr wahrgenommen und gerät zwangsläufig in eine *Isolation*. Wer nicht mehr zur Kirche, zum Seniorentreff, zum Einkaufen gehen kann, verliert lebenswichtige Kontakte.

Vielen alten Menschen fehlt häufig das private soziale Netz. Ältere, verwitwete Seminarteilnehmerinnen äußerten sich so: »Im Pflegefall wird sich wahrscheinlich niemand von meinen Kindern um mich kümmern, weil sie mit sich und ihren Familien genug zu tun haben.«

Viele alte Menschen beklagen sich permanent über Einsamkeit, machen sich zum Opfer, erkennen aber nicht, dass sie selbst nichts gegen Vereinsamung getan haben.

Margit, 49:

»Seitdem mein Vater vor zwei Jahren gestorben ist, lebt meine Mutter (76) allein, erwartet aber ziemlich viel von mir und meiner Familie, was das Pflegen, Besuchen und Unterhaltung und Beschäftigung betrifft. Wir alle kümmern uns so gut es geht um sie, es fehlt aber oft die Zeit (Beruf, Haus, Garten, eigene Kontakte). Sie hat eine merkwürdige Wahrnehmung: Obwohl ich dreimal pro Woche nach ihr sehe, ist sie unersättlich, beklagt sich dauernd über Einsamkeit und mangelnde Zuwendung und Liebe. Das empfinde ich als ungerecht. Wenn ich ihr sage, was sie alles tun könnte, um Kontakte zu denen zu bekommen, die auch verwitwet sind, wehrt sie ab: ›Du kannst ja gut reden.‹ Sie ist für Vorschläge nicht empfänglich und steht auf dem Standpunkt, wir müssten dafür sorgen, dass sie sich nicht einsam fühlt.«

Der Einsamkeit im Alter kann man in gewisser Weise vorbeugen: Es gilt als wissenschaftlich belegt, dass aktive Menschen im Alter weniger einsam und mobiler sind als Menschen, die sich schon früh in die eigenen vier Wände zurückziehen.[5]

Wer durch körperliche Einschränkungen nicht mehr so mobil sein kann, der kann es ausgleichen durch geistige Fitness. Wer geistig rege und unterhaltsam ist, der ist trotz körperlicher Einschränkungen bei anderen gefragt. Deshalb ist es zur Prävention gegen Einsamkeit im Alter wichtig, sich immer wieder neue Herausforderungen zu suchen.

Gudrun, 51:

»Meine Mutter war immer sehr kontaktfreudig und unternehmungslustig. Durch fortschreitende Arthrose und den damit verbundenen Bewegungseinschränkungen ist sie inzwischen mehr auf ihre häusliche Umgebung angewiesen. Anfangs hat sie sehr darunter gelitten, nicht mehr alles mitmachen zu können. Irgendwann aber besann sie sich auf das, was sie noch gut konnte. Sie begann wieder zu malen. Damit sie das nicht allein tun musste, organisierte ich ihr eine Malgruppe, die einmal wöchentlich zu ihr nach Hause kommt und über das Malen hinaus für Unterhaltung und Austausch sorgt. Abgesehen davon hat sie dadurch auch immer mal jemanden, mit dem sie telefonieren kann.«

Viele Senioren verbringen – wie Gudruns Mutter – ihre Tage allein. Wenn der Partner gestorben ist, die Kinder mit ihrem eigenen Leben beschäftigt sind und der Kontakt zu Freunden immer seltener wird, drohen alte Eltern zu vereinsamen. Viele alte Menschen empfinden gerade nach dem Verlust des Partners, dass sie aus sozialen Netzwerken herausfallen. Während man in mittleren Jahren in Beruf und Familie ganz selbstverständlich Kontakt zu anderen bekommt, muss man im Alter seine Netzwerke aktiv gestalten, und genau darin sind viele alte Eltern ungeübt. Kontakte schützen vor Vereinsamung und sorgen für eine gute Lebensqualität. Die Erfahrung lehrt, dass diejenigen, die sich anderen zuwenden können, selbst auch mehr Zuwendung durch andere erfahren.

Die Ursachen für Isolation und Einsamkeit alter Eltern sind vielfältig: Viele sind im Alter einsam, weil sie auch vorher einsam waren. Vor allem alte Väter stellen im Ruhestand häufig fest, dass ihre Kontakte hauptsächlich beruflicher Natur waren – und dass Kollegen nicht unbedingt Freunde sind.

Auch *körperliche Einschränkungen* können dazu führen, dass man den Kontakt zur Umwelt verliert. Ein häufiges Problem, das zur Vereinsamung führt, ist beginnende Schwerhörigkeit, die immer schlechter kompensiert werden kann. Das hat Folgen, denn wer andere schlecht versteht und daher nicht angemessen und differenziert auf sie reagieren kann, gerät schnell in die Isolation. Oft ist Einsamkeit aber auch eine Folge einer Depression. Dann ist es wichtig, herauszufinden, ob es psychische Ursachen gibt, die den alten Eltern Kraft und Antrieb rauben.

Anni, 52:

»Meine Mutter ist schon lange Witwe, achtet aber mit großer Disziplin darauf, eine feste Tagesstruktur zu haben. Sie steht stets zur gleichen Zeit auf, wäscht sich, zieht sich an und macht sich ein Frühstück, bei dem sie die Tageszeitung liest. Für jeden Tag plant sie etwas ein, um unter Menschen zu kommen, z. B. Einkaufen, Friseur, Friedhof, Besuch der Bibliothek oder den Besuch einer kulturellen Veranstaltung. Zu Abendveranstaltungen geht sie nur noch, wenn sie eine Begleitung findet. Im Dunkeln ist sie unsicher, weil sie auch nicht mehr so gut sieht und schon mal gestürzt ist, weil sie eine Stufe nicht gesehen hat. Ansonsten ist es ihr ganz wichtig, autark zu sein und zu bleiben.«

Das Problem vieler älterer Eltern, vor allem derjenigen, die nach dem Tod des Partners allein zurückgeblieben sind, besteht darin, dass sie es durch die jahrzehntelange Fixierung auf Partner und Familie verlernt haben, spontan Kontakt zu fremden Menschen aufzunehmen. Weil sie es nie mussten, haben sie es nicht geübt und können es nun im Alter und in ihrer Bedürftigkeit nicht. Aber sie haben darüber hinaus auch Angst vor Ablehnung und davor, ihr Bedürfnis nach Kontakt zu zeigen.

Ein weiteres Problem sind z. B. die *Veränderungen in der Nachbarschaft*. Langjährige Nachbarn, zu denen man ein Vertrauensverhältnis aufbauen konnte, sterben oder ziehen weg oder man kommt selbst durch den Umzug in eine seniorengerechte Wohnung in eine neue Umgebung und ist dort vorerst auch wieder isoliert. Viele alte Eltern, die umgezogen sind und sich nach dem Tod ihrer Partner »kleiner gesetzt« haben oder in eine seniorengerechte Wohnung gezogen sind, leben oft jahrelang Tür an Tür mit ihren neuen Nachbarn, ohne sich zu kennen. Sie haben es versäumt, bei ihren Nachbarn zu klingeln und sich vorzustellen oder sie zu einem kleinen Umtrunk einzuladen.

Die Konsequenz von Einsamkeit ist meist ein dramatischer Verlust an Lebensqualität. Immer mehr alte, vereinsamte Menschen sehen in ihrem Leben keinen Sinn mehr. Einsamkeit kann sogar dazu führen, dass alte Menschen nicht mehr leben wollen. In Abschiedsbriefen alter Menschen wird neben dem Verlust ihrer Selbstständigkeit auch immer Einsamkeit genannt.

IV. Konflikte durch Rollenveränderung

1. Das Dilemma der Sandwich-Generation im Spagat zwischen Erwerbstätigkeit, Kindererziehung und Pflege

Obwohl wir durchaus registrieren, dass unsere Eltern immer mehr Einschränkungen hinnehmen müssen, sind wir meist doch überrascht, wenn sich die ausgesprochene oder unausgesprochene Forderung stellt, unseren Eltern zu helfen. Eines Tages ist es soweit: Die eigenen Eltern können ihr Leben nicht mehr alleine meistern, und die Kinder sind plötzlich in der Fürsorgepflicht. Plötzlich sind die Rollen vertauscht: Abhängig und hilfsbedürftig sind jetzt nicht mehr die Kinder, sondern die Eltern. Kein Wunder, dass das Probleme schafft.

Anfänglich ist die Unterstützung der alten Eltern selbstverständlich. Doch mit der Zeit wird sie für viele zur physischen und emotionalen Überforderung.

Verena, 49:

»Ich kann mich genau erinnern, es war mein 45. Geburtstag. Meine Mutter war zum Frühstück gekommen. Sie stand in der Küchentür

und sackte plötzlich zusammen. Diagnose: Schlaganfall. Das ist vier Jahre her, seit diesem Tag bestimmen nicht nur mein Beruf, meine pubertierenden Kinder und die Pflege meiner Mutter mein Leben. Ich fühle mich oft ausgepowert und am Limit.«

Alexandra, 52:

»Im Sommer war Mama gestürzt. Fast zwei Stunden lag sie allein in ihrem Haus vor der Tür zur Terrasse. Sie hatte vergessen, dass sie an ihrem Handgelenk den Notfallknopf trug, mit dem sie den Malteser-Hilfsdienst hätte alarmieren können. Von diesem Tag an war mir klar, dass Mama nicht mehr allein klarkommt und ich mich, trotz eigener Familie und Mitarbeit in der Firma meines Mannes, um sie kümmern muss.«

So wie Verena und Alexandra geht es sehr vielen Töchtern. Es sind in der Tat Millionen in Deutschland, die ein ähnliches Los verbindet. Irgendwann in der Mitte des Lebens kommen sie zu der Erkenntnis, dass die Eltern gebrechlich werden und Hilfe brauchen: nicht für ein paar Stunden, Tage oder Wochen, sondern bis zum Ende ihrer Tage. Es kann schleichend beginnen, aber auch mit einem Sturz, einem Herzinfarkt oder einem Schlaganfall. Dann startet für die Kinder ein neuer Lebensabschnitt, und ab diesem Zeitpunkt bestimmen nicht mehr der Partner, die Kinder, der Beruf oder der Gedanke an den nächsten Urlaub ihr Leben, sondern die Sorge um die hilfebedürftigen Eltern.

Mit 40 plus wächst das Risiko, zeitgleich Verantwortung für die Erziehung der eigenen noch minderjährigen Kinder und die pflegebedürftig gewordenen Eltern übernehmen zu müssen. Die

Generation »Sandwich« muss darüber hinaus einer fordernden Berufsarbeit nachgehen. Diese Mehrfachbelastung führt auf Dauer nicht nur zur Überlastung, sondern auch zu Konflikten zwischen Fürsorge für die alten Eltern und Selbstfürsorge.

Zur »Sandwich-Generation« zählen die Jahrgänge der Altersstufe zwischen vierzig und sechzig Jahren, die sich sowohl um die eigenen Kinder und/oder Enkel als auch um ihre Eltern kümmern. Vor allem sind es Frauen, die in der Rush-Hour des Lebens ein Leben am Limit führen und sich zwischen Liebe, Pflichtgefühl und Überforderung aufreiben, um allen Anforderungen gerecht zu werden. Sie versuchen einen Spagat zwischen Beruf, Familienleben, Selbstfürsorge und Elternfürsorge und geraten nicht selten in einen Rollenkonflikt.

Nina, 41:

»Seit zwei Jahren pflege ich meinen durch einen Unfall beeinträchtigten Vater, obwohl ich verheiratet bin, einen vierjährigen Sohn habe und halbtags berufstätig bin. Nach und nach wurde die Pflege meines Vaters immer zeitaufwendiger, und ich musste mich entscheiden, welche Rollenerwartungen ich in der knappen, verfügbaren Zeit erfüllen kann. Das ist ein echtes Dilemma, denn egal, wofür ich mich entscheide, werde ich unweigerlich in einen Rollenkonflikt kommen, da ich immer eine Rollenerwartung vernachlässigen muss und dann ein schlechtes Gewissen habe.«

Neben dem fast unlösbaren Dilemma und dem Konflikt, einer der Rollen nicht gerecht werden zu können, steht am Ende zusätzlich oft die Frage: »Und wo bleibe ich?«

Viele pflegende Kinder leben im permanenten Konflikt zwischen eigener Lebensplanung, der Empathie und Verantwortung für ihre Familien und ihre alten Eltern sowie der gesunden Abgrenzung und Selbstfürsorge.

Wenn Eltern nicht mehr ihr eigenes Leben im Griff haben und auf Hilfe angewiesen sind, zwingt das deren Kinder dazu, sich der neuen Realität anzupassen und eine Rolle anzunehmen und auszuüben, die sie sich selbst nicht ausgesucht haben. Das kann auf beiden Seiten zu Konflikten führen, denn beide Seiten, pflegebedürftige Eltern und pflegende Kinder, müssen Schritt für Schritt lernen, mit der neuen Situation umzugehen und die Veränderungen anzunehmen, wie sie sind.

Pflegende Kinder verlieren – wenn sie Verantwortung und Fürsorge für ihre Eltern übernehmen – einen Teil ihres selbstbestimmten Lebens. Besonders konfliktreich gestaltet sich die Anpassung an die neue Realität, wenn die gesunde Ablösung von den Eltern nicht oder nicht vollständig erfolgt ist. Kinder befinden sich dann immer noch in der Kind-Rolle und insofern in einer *emotionalen Abhängigkeit*, die es fast unmöglich macht, den Eltern auf Augenhöhe zu begegnen und ihnen Grenzen setzen zu können.

Sich von seinen Eltern zu emanzipieren, ist notwendig und bedeutet, erwachsen zu werden, eine eigene Identität zu entwickeln und keine Schuldgefühle zu haben, wenn man für die Eltern Entscheidungen trifft und ihnen aus der neuen Rolle heraus Grenzen setzen muss.

Anne Otto liefert mit ihrem Sachbuch »Für immer Kind«[6] einen Einblick in die Verstrickungen und Dynamiken von Familien. Sie schildert viele Beispiele von belasteten Beziehungen und wiederkehrenden Kommunikations- und Interaktionsmustern,

die erwachsene Kinder triggern und zu schwierigen Beziehungen führen, aus denen sie am liebsten aussteigen möchten.
Anne Otto erklärt darüber hinaus, warum sich erwachsene Kinder mit ihren Eltern oft so schwertun. Dafür nennt sie psychologische Faktoren, z. B.

- weil die Abgrenzung schwerfällt,
- weil wir anders sind als unsere Eltern oder
- weil wir elterliche Erwartungen nicht erfüllen.

Sie thematisiert aber auch die demografische Entwicklung, die neue Belastungen mit sich bringt. Die Menschen werden immer älter und infolgedessen auch immer länger hilfebedürftig. Das wirft Fragen auf:

- Wer kümmert sich um alte Eltern?
- Wie können wir die Pflege schaffen?

Dieser Konflikt bringt viele Vertreter der Sandwich-Generation in emotionale Turbulenzen. Besonders in der Phase der Rollenumkehr erleben pflegende Kinder, wie sie die ihnen zugefallenen Rollen besonders dann in Konflikte bringen, wenn Bindung und Verantwortung mit Autonomie und Selbstbestimmung konkurrieren.

Pflegende Kinder der »Sandwich-Generation«, die unter permanenter Mehrfachbelastung leiden, müssen ganz besonders darauf achten, neben der Fürsorge für ihre alten Eltern auch sich selbst und ihre eigenen Ressourcen im Blick zu behalten. Dazu gehört es, das zu tun, was einem guttut und den inneren Akku wieder auflädt, wie z. B. Sport zu treiben, sich mit Freunden zu treffen und einfach mal einen entspannten Kulturabend zu genießen. Außerdem ist es wichtig, gelassener zu werden, denn niemand kann immer einhundert Prozent geben. Es ist völlig in Ordnung, auch mal um Unterstützung zu bitten. Auch Delegieren ist wichtig, denn wenn die Pflegenden zusammenbrechen, schadet das auch ihren Familien und den Pflegebedürftigen.

Sich kümmern bedeutet nicht nur direkte Hilfe, sondern auch, Hilfe zu organisieren oder einfach da zu sein. Gespräche bei Pflegestützpunkten können eine große Entlastung sein und viel zur Klärung von Entscheidungsprozessen beitragen.

2. Achterbahn der Gefühle - Mit der neuen Rolle überfordert

Kinder haben in der Regel – jedenfalls in intakten Familien – das Bedürfnis, für ihre alten Eltern da zu sein. Doch das bringt sie mit der Zeit durch die Unvereinbarkeit verschiedener Rollen und Anforderungen immer mehr an ihre Grenzen. Viele pflegende Kinder müssen irgendwann erkennen, dass sie mit der zusätzlichen Rolle als Pfleger/in ihrer Eltern überfordert sind. Wie aber ist es möglich, die neue Rolle gut auszufüllen, ohne sich dabei zu überfordern?

Eine Seminarteilnehmerin beschreibt ihre Lage so:

»Ich bin Lehrerin, 45, verheiratet und habe zwei Kinder (10 und 7 Jahre). Das Problem sind meine Eltern, die schon recht alt und mittlerweile pflegebedürftig sind. Mein Vater (81) hatte 2021 einen Schlaganfall, ist schwer gehbehindert. Meine Mutter war immer schon wenig

belastbar. Sie hat Rückenprobleme, starke Schmerzen und ist schwerhörig.

Ich stelle fest, dass meine Eltern ihr Leben nicht mehr allein schaffen. Sie verweigern es aber vehement, Hilfe in Anspruch zu nehmen. Sie wollen keine fremden Leute im Haus und sie wollen auch nicht ausziehen, sondern in ihrem Haus bleiben.

Ich merke, dass mich die vielen Aufgaben überfordern, bin angespannt, habe oft Rückenschmerzen und kann nachts nicht schlafen. Mein Mann und ich kriegen uns häufig in die Haare, und die Kinder meckern auch, wenn wir wieder ein ganzes Wochenende bei den Großeltern sind und sie mitnehmen. Aber ich habe starke Schuldgefühle, wenn ich mir vorstelle, meinen Eltern Hilfe zu verweigern. Dieser Konflikt zerreißt mich.«

Die meisten erwachsenen Kinder wollen ihren Eltern helfen, wenn diese einmal betagt sind. Es ist für sie selbstverständlich, etwas von dem zurückzugeben, was sie bekommen haben. Oft wissen sie aber nicht, worauf sie sich einlassen, denn alles beginnt mit einfachen Handreichungen, die sich permanent steigern und dazu führen, unmerklich in einen Zyklus von Abhängigkeit und Schuldgefühlen hineinzugeraten. Wenn pflegende Kinder ihren Eltern etwas abschlagen, weil es ihnen zu viel wird, haben sie oft das Gefühl, keine guten Söhne oder Töchter zu sein. Ich ermutige deshalb in meinen Seminaren pflegende Kinder dazu, sich selbst wieder ernst zu nehmen und selbst Hilfe von außen anzunehmen, um unterschiedliche Perspektiven wahrnehmen zu können. Die Frage, ob und was man seinen Eltern schuldet, muss jeder für sich beantworten. Es gibt keine Patentrezepte. Wichtig ist, dass man nur so viel macht, wie man will und kann.

Die Beziehung zwischen alten Eltern und ihren erwachsenen Kindern ist in der letzten Lebensphase oft starken Belastungen ausgesetzt. Die ständige Überforderung der Kinder kann auch zu Konflikten führen, wie das folgende Beispiel zeigt.

Barbara hetzt von der Arbeit in den Supermarkt, dann schnell, schnell zu ihrer pflegebedürftigen Mutter.

»Du kommst ja so spät«, mault diese. Die Tochter verteidigt sich – der Chef, der Berufsverkehr und ärgert sich sofort, dass sie wieder in die Rechtfertigungsfalle getappt ist.

»Ich finde, du könntest mal anerkennen, dass ich so oft komme«, äußert sie in scharfem Ton.

»Du musst ja nicht«, kontert die Mutter, »ich sterbe sowieso bald.«

Barbara steht wortlos auf, knallt die Wohnzimmertür zu, geht in die Küche und weint.

Menschen, die in Beratungsstellen für pflegende Angehörige arbeiten, kennen Dutzende solcher Szenen, und die geschilderte ist noch harmlos. Aggressionen, Konflikte, Gewalt, selbst körperliche Auseinandersetzungen sind keine Einzelfälle in der häuslichen Pflege, sie kommen vielmehr häufig vor, letztlich sind sie Alltag und Begleiterscheinungen der Überforderung.

Pflegende Kinder sind oft mit ihrer neuen Rolle überfordert und erleben eine Achterbahn ihrer Gefühle. Eine Hauptursache für ihre Überforderung ist die unkalkulierbare und unüberschaubar lange Pflegedauer. Viele pflegende Kinder leiden unter einer Mischung verschiedenster Gefühle, wie Mitleid, Überforderung und Aggressionen. Besonders die negativen Gefühle werden aus Scham tabuisiert.

In der Phase der Rollenumkehr kommen erwachsene Kinder ihren alten Eltern körperlich und emotional noch einmal sehr nahe. Dann stellt sich oft die Frage, »will ich das eigentlich, halte ich das aus?«

Häufig entsteht dann eine Spirale aus Aggressionen und Schuldgefühlen. Das große Problem ist die gemeinsame Beziehungsgeschichte. Alte Belastungen, Kränkungen und Konflikte brechen sich Bahn und verknüpfen sich mit der Überforderung. Das ist häufig der eigentliche Zündstoff in der häuslichen Pflege. Oft kommen noch Konflikte zwischen Geschwistern hinzu, wie gute Pflege auszusehen hat.

Eine weitere Ursache für Konflikte ist die *Rollenumkehr*. Frauen bleiben aus der Sicht ihrer Eltern immer in der Rolle der Tochter. Nun sollen sie aber Verantwortung für die Eltern übernehmen und Dinge bestimmen. Das ist häufig problematisch, vor allem für die sogenannten Sandwichtöchter, die ihre Eltern pflegen und gleichzeitig Kinder haben, um die sie sich kümmern müssen. Wenn das Bestimmen dann nicht fruchtet, wenn sich zum Beispiel die Mutter weigert, in eine Kurzzeitpflege zu gehen, damit Tochter und Schwiegersohn mal Urlaub machen können, bleibt Wut auf beiden Seiten nicht aus.

Sind pflegebedürftige Eltern dement, erhöht sich das Konfliktpotenzial erheblich. Das schleichende, aber kontinuierliche Fortschreiten der Krankheit erfordert das Einschreiten der verantwortlichen Kinder, was beim Erkrankten aber oft Aggressionen auslöst.

Vera, 57:

»Die einen flüchten, die anderen leiden mit, die nächsten werden ungeduldig und aggressiv, wieder andere resignieren oder durchleben ein Gefühlschaos. Mit all dem fühlt man sich schlecht und kann dem geliebten Menschen nicht das geben, was er braucht: Geduld und Liebe. So war es auch bei uns, als meine Mutter vor drei Jahren zunehmend begann, unter ihrer Demenzerkrankung zu leiden. Es fiel ihr schwer, die Veränderungen zu akzeptieren. Sie wurde immer aggressiver, was die Betreuung extrem erschwerte. Meine Mutter beschimpfte mich und randalierte, wenn ich ihr zu ihrem eigenen Selbstschutz etwas abschlagen musste.«

Viele demenziell Erkrankte beschimpfen ihre Angehörigen und werden sogar gewalttätig und schlagen sie. Angehörige fühlen sich mit dieser herausfordernden Situation überfordert und wissen dann nicht, wie sie damit umgehen sollen.

3. Sensible Gratwanderung zwischen Sorge, Fürsorge und Selbstfürsorge

In der Tat ist es eine sensible Gratwanderung zwischen Sorge, Fürsorge und Selbstfürsorge. Dabei ist es wichtig, die richtige Balance zu finden. Spätestens, wenn alte Eltern mit ihren Ansprüchen überfordern und pflegenden Kindern zu viel Kraft rauben, ist es an der Zeit, Selbstschutz zu praktizieren.

Anne, 56:

»Mit meinen Vorschlägen, externe Hilfe zu organisieren, weil ich es nicht mehr schaffe, stoße ich bei meinen immer schon schwierigen Eltern auf taube Ohren. Sie überfordern mich inzwischen, wehren sich aber energisch gegen fremde Leute im Haus. Jedes Mal, wenn ich von meinen Eltern nach Hause zurückkehre, bin ich fix und fertig. Mir gehen viele Situationen nach und ich grüble, wie es besser gehen könnte und komme doch zu keiner Lösung.«

Kinder schwieriger alter Eltern müssen sich aus der Verantwortungsfalle befreien, um selbst keinen Schaden zu nehmen. Aber das ist oft schwer, denn erwachsene Kinder fühlen sich gegenüber den Eltern so hilflos, wie sie es als Kinder waren. Sie müssen sich aus dieser Hilflosigkeit befreien, indem sie in ihre neue Rolle schlüpfen, Führung übernehmen und Grenzen setzen.

Wie könnte das bei Anne geschehen?

Anne muss ihren Eltern unmissverständlich klarmachen, dass sie neben ihrem Beruf und ihrer eigenen Familie sich nicht permanent um ihre alten Eltern kümmern kann, sondern dass sie ihre Aufgabe darin sieht, externe Hilfe zu organisieren, damit es ihnen gut geht. Anne muss die Führung übernehmen und es aushalten, dass ihre Eltern sich jedem Vorschlag widersetzen, weil sie keine Veränderung wollen oder es ihnen an Einsichtsfähigkeit fehlt, dass sie Hilfe und Unterstützung brauchen.

Neben den Gefühlsfragen tut sich auch die Gewissensfrage auf, die mit der inneren Ablösung von den Eltern zu tun hat. Ablösung bedeutet, sich ihnen gegenüber heute als gleichberechtigte Erwachsene zu empfinden und dementsprechend zu handeln.

Der Weg zu einem freien Gewissen beginnt für Kinder in der Rollenumkehr mit dem Bewusstsein, sich durch Abgrenzung nicht *gegen* die Eltern zu entscheiden, sondern *für* etwas. Wo Eltern und Schwiegereltern das unterstützen, kann man Leben teilen; wo nicht, ist ein heilsamer Abstand nicht nur erlaubt, sondern notwendig. Auch dann finden sich Gelegenheiten, den Eltern Wertschätzung und Liebe zu schenken. Alte Eltern haben nicht das Recht, ihren Kindern ihr Leben zu verderben oder ihnen die Kraft zu rauben, die sie für ihr eigenes Leben brauchen. Oft wird auch bei religiös geprägten Kindern im vierten der zehn Gebote – »du sollst deine Eltern ehren« – moralischer Druck aufgebaut, von dem sich Kinder ohne schlechtes Gewissen kaum ablösen können. Psychologen erleben es immer wieder, wie das biblische Gebot sogar Kinder aus schwierigem Elternhaus in die Pflicht nimmt und wehrlos macht.

Aus meiner Erfahrung kann ich nur dazu raten, mit den Eltern frühzeitig, lange bevor sich Hilfebedürftigkeit einstellt, darüber zu reden, wie sie sich ihren letzten Lebensabschnitt vorstellen.

Tauschen Sie sich über Ihre Standpunkte aus. Nichts bietet besseren Nährboden für Beziehungskämpfe als unausgesprochene Erwartungen und Wünsche.

Als Kind sollten Sie sich gut überlegen, was Sie für Ihre Eltern tun möchten und was Sie realistischerweise tun können. Gerade, wenn Sie mit dem Gedanken spielen, Ihre Eltern zu sich zu holen, sollten Sie sorgfältig prüfen, ob die äußeren Umstände gegeben sind, beispielsweise, ob die Wohnung groß genug ist und ob die Beziehung tragfähig und belastbar ist.

Überlegen Sie, wie Sie die Fürsorge und Unterstützung für Ihre alten Eltern mit Geschwistern teilen können, um sich zu entlasten. Handeln Sie nicht nur aus moralischem Druck und

Pflichtgefühl, sonst sind Sie bald überfordert. Frustrierte und erschöpfte Kinder nützen den Eltern nichts.

Holen Sie sich professionelle Hilfe, z. B. bei Pflegestützpunkten, kommunalen Seniorenberatungen oder Seniorenbüros. Pflegen Sie auch Kontakte zu anderen pflegenden Kindern, die Sie in Selbsthilfegruppen für pflegende Angehörige finden.

Kontaktieren Sie den Hausarzt oder die Hausärztin Ihrer Eltern als Vertrauensperson und professionelle Autorität. Deren Einschätzung wird von den Eltern eher akzeptiert als die der eigenen Kinder.

4. Verantwortung und die Angst vor Übergriffen

»Meine Eltern werden alt!« Manchmal ist das eine Erkenntnis, die allen Beteiligten nur schleichend bewusst wird, z. B. mit der Sorge, ob der Vater wirklich noch Auto fahren sollte oder wie lange die Mutter es noch allein mit dem Duschen schafft. Es beginnt eine Phase, in der Kinder die Führung übernehmen müssen und gleichzeitig Angst vor Übergriffen haben.

Erwachsene Kinder müssen Verantwortung und Führung übernehmen. Dabei sind sie oft im Konflikt mit der Frage, wo sie eingreifen müssen und was als Übergriff empfunden werden könnte. Ich empfehle immer, großzügig und gelassen mit der neuen Situation umzugehen. Sie müssen nicht sofort handeln, nur weil zum Beispiel Ihre Mutter, die früher sehr akkurat war, nicht in jeder Ecke staubgesaugt hat. Das hat häufig auch einfach nur damit zu tun, dass das Sehvermögen nachlässt. Das altersbedingte Nachlassen der Sinneswahrnehmungen führt dazu, dass die Eltern Schmutz und unangenehme Gerüche nicht mehr wahrnehmen. Aber auch bei Briefen von Behörden und der Bank sind alte Eltern oft überfordert und brauchen hier Unterstützung. Oft sind sie auch von neuen Techniken überfordert, vergessen, den Herd abzuschalten oder verlegen oder verlieren öfter ihre Schlüssel. Trotz der Notwendigkeit einzugreifen, kann es passieren, dass Eltern gekränkt oder aggressiv angebotene Unterstützung ablehnen.

Wenn alte Eltern spüren, dass Kräfte, Konzentration und Belastbarkeit nachlassen, fällt es ihnen häufig sehr schwer, das zu akzeptieren und das Leben entsprechend umzustellen. Viele Eltern können sich zunächst nicht darauf einlassen, Hilfsangebote anzunehmen. Sie lehnen beispielsweise ein Hörgerät oder notwendige Umbauten zur Barrierefreiheit wie einen Treppenlift oder ein seniorengerecht gestaltetes Badezimmer rigoros ab, selbst wenn das zu ihrer eigenen Sicherheit und zur deutlichen Steigerung der Lebensqualität führen würde.

Erwachsene Kinder empfinden das Verhalten ihrer alten Eltern oft als Trotz oder Sturheit. Bei aller Sorge und Fürsorge sollten Kinder ihren Eltern Würde, Raum und Zeit lassen, sich im Rahmen ihrer Möglichkeiten mit der neuen Situation zurechtzufinden und sie zu akzeptieren. In dieser Phase müssen sowohl Eltern als auch ihre Kinder lernen, sich mit viel Fingerspitzengefühl und Geduld auf die körperlichen und geistigen Veränderungen einzustellen.

Kinder sind zwar dazu verpflichtet, Verantwortung und Fürsorge für ihre alten Eltern zu übernehmen, sie sollten ihre Eltern aber nicht bevormunden, sondern versuchen, ihnen auf Augenhöhe zu begegnen. Anstatt zu sagen: »Dir geht es nicht gut. Du musst zum Arzt gehen!«, sollten Sie lieber sagen: »Ich bin beunruhigt. Lass dich bitte untersuchen, damit ich mir keine Sorgen mehr machen muss.« Das macht es alternden Eltern leichter, einen Rat anzunehmen. Schließlich haben alternde Eltern selbst am meisten mit ihrer neuen Hilfsbedürftigkeit zu kämpfen.

Alte Eltern brauchen oft organisatorische Unterstützung, z. B. bei den »Papieren« – wenn Formulare ausgefüllt oder Anträge gestellt werden müssen. Häufig spielt auch das sensible Thema Geld eine Rolle. Nicht alle alten Eltern wollen ihren Kindern Einblick in ihre finanzielle Situation gestatten. Das hat oft damit zu tun, dass die ältere Generation – vor allem durch die Nachkriegszeit – ein anderes Verhältnis zum Geld hat. Aber häufig fehlt es auch an Vertrauen.

Besonders schwierig ist es für Kinder in der Rollenumkehr, mit den alten Eltern darüber zu reden, was dringend zu entscheiden oder zu tun ist, wenn sich abzeichnet, dass die Eltern nicht mehr allein leben können. Als erwachsenes Kind in der neuen Rolle Führung zu übernehmen und heikle Dinge anzusprechen, ist deshalb so schwierig, weil man sich vom »inneren Kind« lösen muss. Außerdem erinnern heikle Fragen jeden an die eigene Vergänglichkeit. Doch sie zu stellen, ist besser als ein späteres Krisenmanagement. Übrigens öffnen sich ältere Menschen oft dem Argument: »Wenn wir jetzt nicht darüber sprechen, musst du einmal das hinnehmen, was ich dann entscheide.«

Eva, 51:

»Meine Mutter (87) lebt immer noch allein in ihrem Haus, wird aber zunehmend dement, und ich habe das Gefühl, dass es an der Zeit ist, mir Gedanken zu machen, weil sie mit allem überfordert ist und nicht mehr allein leben kann. Zu mir nehmen kann ich sie nicht, da ich für meine Firma sehr oft unterwegs bin. Egal, was ich ihr vorschlage, sie blockt alles vehement ab. Ich habe zwar ihre Vorsorgevollmacht, spüre aber einen inneren Widerstand, für sie zu entscheiden, wo und wie sie am besten betreut werden kann.«

Es ist verständlich, dass sich Evas Intervention für sie als Übergriff anfühlt, und es ist schwierig, wenn das Thema »externe Hilfe« oder »Pflegeeinrichtung« nicht angesprochen werden darf. Dennoch ist es genau das, was wichtig ist: Eva muss das Tabuthema aufgreifen und auch für sich selbst einen eigenen Standpunkt entwickeln und Fragen klären: »Was möchte ich? Wie weit gehen meine Möglichkeiten und meine Bereitschaft?«

5. Organisieren und helfen aus der Ferne

In einer Welt, in der der Arbeitsort überwiegend auch den Lebensmittelpunkt bestimmt, zieht es viele junge Menschen aus ihrem Heimatort in die Ferne. Sie finden eine neue Heimat und bauen sich ihr eigenes Leben auf. Früher oder später stehen sie dann oft vor der Herausforderung, die Pflege ihrer Eltern aus der Distanz organisieren zu müssen.

Sich um Eltern zu kümmern, die nicht mehr für sich selbst sorgen können, kann schwierig sein. Mit der zunehmenden Mobilität stehen erwachsene Kinder aufgrund geographischer und emotionaler Distanz heute vor noch größeren Herausforderungen. Mit einer großen Mobilität rund um die Welt werden Familienbeziehungen anspruchsvoller und schwieriger, vor allem wenn es um Betreuungsfragen geht.

Viele Kinder zerreißen sich förmlich in der Sorge um die alternden Eltern. Heute leben die Kinder aber oft weit entfernt, sie können nicht mal eben vorbeikommen und die Batterie im Rauchmelder wechseln.

Janina, 48:

»Meine Eltern und ich wohnen etwa 500 km voneinander entfernt. Seitdem sie Hilfe brauchen, kann mich jederzeit und überall ein Anruf überraschen, sei es in der Konferenz, beim Mittagessen oder beim Abholen meines Sohnes vom Klavierunterricht. Ich sehe die Düsseldorfer Vorwahl und weiß, da muss ich drangehen, das ist dringend. Meine Eltern haben beide abgebaut und brauchen extrem viel Hilfe, mehr als ich ihnen aufgrund meines anspruchsvollen Jobs und meiner Familie geben kann und will, genau wie meine Geschwister. Deswegen müssen wir das Leben unserer Eltern fernsteuern und uns aus der Ferne um sie kümmern.«

Angehörige, die sich aus der Ferne um ihre alten Eltern kümmern, stehen oft unter großem Druck. Emotional belastet sie vor allem das Gefühl, nicht ausreichend für den Pflegebedürftigen da zu sein oder im Notfall nicht schnell genug reagieren zu können. Zudem sind sie auf die Qualität und Zuverlässigkeit der Pflegepersonen vor Ort angewiesen, ohne dass sie darauf direkten Einfluss haben. Diese Abhängigkeit sowie die stete Angst vor einer Notsituation sorgen für einen permanenten Bereitschaftsmodus, Stress und Anspannung. Eigene Bedürfnisse und Wünsche bleiben dabei auf der Strecke.

Die Pflegesituation aus der Ferne ist für Betroffene extrem belastend. Pflegende Kinder empfinden bei der Pflege auf Distanz ein Gefühl der Zerrissenheit - zwischen ihren Eltern, ihrer Familie, ihrem Job und sich selbst. Wenn sie bei ihren eigenen Kindern sind, denken sie, öfter bei ihren alten Eltern sein zu müssen; wenn sie bei ihren Eltern sind, denken sie, dass ihre Kinder sie bräuchten. Oft fühlt es sich an, keinem gerecht zu werden und nie das Richtige zu tun.

6. Anpassungsprobleme dominanter Eltern

Wer dominante Eltern hatte, wird erleben, dass es ihnen im Pflegefall schwerfällt, sich in ihre Abhängigkeit und damit in eine veränderte Rolle zu fügen.

Gregor, 61:

»Mein 89-jähriger Vater war Unternehmer, dominant und hatte immer recht. Niemand - auch innerhalb der Familie - wagte es, ihn zu kritisieren, ihm zu widersprechen oder ihn in Frage zu stellen. Seitdem ich als einziger Sohn für ihn verantwortlich bin und sich dadurch die Rollen verändert haben, gibt es Probleme, weil er nicht akzeptieren will, dass er von mir und meiner Hilfe abhängig ist. Er ist es nicht gewohnt, sich von anderen etwas sagen zu lassen, und tut sich schwer mit seiner neuen Situation.«

Tino, 54:

»Meine Mutter war alleinerziehend und sehr dominant. Ich wagte es nicht, mich ihr zu widersetzen. Ich bin geprägt durch ein zerstöreri-

sches Abhängigkeitsverhältnis und gefangen in einer unheilvollen Symbiose. Jetzt, wo meine Mutter krank und auf meine Pflege angewiesen ist, kommandiert und maßregelt sie mich aus dem Bett heraus. Selbst heute wage ich es nicht, mich gegen meine Mutter aufzulehnen, weil ich dann ein permanent schlechtes Gewissen hätte.«

Das, was Tino mit seiner Mutter erlebt, erinnert an Paul Winkelmann in Loriots Kinofilm »Ödipussi« von 1988.

Seit drei Jahren leitet der 56-jährige Paul Winkelmann das familieneigene Möbel- und Dekorationsgeschäft. Wirklich erwachsen ist er dadurch aber nicht geworden, denn er lebt noch immer bei seiner 78-jährigen, überaus rüstigen und dominanten Mutter, der er treu ergeben ist. Obwohl er 56 Jahre alt ist, kocht seine Mutter für ihn und bügelt seine Hemden. Mit der Ermahnung »Du willst mich doch nicht traurig machen!«, manipuliert sie ihn und hält ihn unter Kontrolle. Trotz seiner 56 Jahre ist Paul nicht emanzipiert und wird von seiner Mutter dominiert.

Wie kann es passieren, dass ein 56-jähriger Geschäftsmann wie Paul Winkelmann es bisher nicht geschafft hat, sich aus eigener Kraft emotional von seiner Mutter zu lösen? Was ist passiert, dass er selbst im fortgeschrittenen Alter noch in einer unnatürlichen, symbiotischen Beziehung zu seiner Mutter lebt, emotional von ihr abhängig ist und panische Angst vor dem Liebesentzug durch seine Mutter hat?

7. Der Umgang mit alt gewordenen Kriegskindern

Die Pflege und Betreuung eines nahen Angehörigen ist schon für sich genommen eine anspruchsvolle Aufgabe – sie wird es umso mehr, wenn auch die persönliche Lebensgeschichte des Pflegebedürftigen zu einer Herausforderung für alle wird.

Die Generation ehemaliger »Kriegskinder« ist inzwischen 80 Jahre alt oder älter – viele sind pflegebedürftig geworden, manche dement. Traumatisierende Erfahrungen von Gewalt und Schutzlosigkeit prägen Teile dieser Generation. Oft brechen mit dem Älterwerden, insbesondere in der Pflegesituation, Erinnerungen und alte Wunden wieder auf, über die innerhalb der Familie nicht selten ein Leben lang geschwiegen wurde. Das ist eine große Belastung für pflegende Kinder, aber auch für Heim- und Pflegepersonal.

Der Journalist Sebastian Schoepp hat ein bewegendes Buch zum Thema Pflege und den Abschied von der Kriegsgeneration geschrieben, »Seht zu, wie ihr zurechtkommt. Abschied von der Kriegsgeneration«.[7]

Sebastian Schoepp, Jahrgang 1964 und Redakteur bei der Süddeutschen Zeitung, macht sich in seinem Buch auf eine Zeitreise in die Vergangenheit seiner Eltern, in seine eigene – und in die Deutschlands, denn mit dem endgültigen Abschied von der Kriegsgeneration endet eine Epoche. In seinem Buch nimmt er Abschied von seinen Eltern und beschreibt, warum das Familienleben mit den Eltern der Kriegsgeneration so schwierig war – und was das für die Pflegesituation bedeutet.

Auch Schoepp konnte sich der verstörenden Erkenntnis nicht entziehen, wenn die Rollen vertauscht werden und die Eltern nicht mehr die »Festung« sind, die sie in Kindertagen waren.

Schoepp beschreibt die Folgen des Zweiten Weltkriegs, der eine traumatisierte Generation hinterlässt. Besonders Kinder waren den Gewaltereignissen schutzlos ausgesetzt. Die Luftangriffe wurden zur nahezu täglichen Tortur für viele Kinder und Jugendliche, denen einzig die Flucht in stickige, überfüllte Kellerräume und Bunker blieb. Flucht bestimmte auch das Leben zahlreicher Menschen, die vor der heranrückenden russischen Armee in Richtung Westen flohen, darunter viele Kinder, die sich im Winter allein bis ins Baltikum durchschlugen. »Wolfskinder« nannte man sie, weil sie einige Zeit ohne menschliche Fürsorge blieben und sich von der Gesellschaft entfremdeten.

Schoepp stellt fest:

»Das Trauma ließ Kriegskinder emotional erstarren. Wir haben fast nie darüber gesprochen. In den Elternhäusern der Kriegs- und Nachkriegsgeneration gab es ja zwei Gruppen: Die eine, zu der mein Vater gehörte, hat geschwiegen. Mein Vater war lange als Soldat in der Ukraine und in Russland, dann mehrere Jahre in Kriegsgefangenschaft. Er hat die Erlebnisse hinter einer Mauer des Schweigens zu verbergen versucht.«

Schoepp beschreibt die Sorge um die alt werdenden Eltern als eine der großen Herausforderungen unserer Zeit, denn Familienstrukturen haben sich aufgelöst, das Leben in der globalisierten Welt fordert Flexibilität, das Dasein ist lückenlos getaktet. Die wenigsten sind emotional darauf vorbereitet, plötzlich für kranke Menschen sorgen zu müssen. Pflege reißt Lücken in unsere Lebensläufe und konfrontiert uns mit uns selbst. Dies umso mehr, wenn die Eltern den Zweiten Weltkrieg erlebt haben und in ihrer Seele Traumata verbergen.

Schoepp selbst erlebt das schlechte Gewissen als stetigen Begleiter, das nagende Gefühl, nicht genug zu tun, vielleicht, weil er private Verabredungen und Urlaube nicht abgesagt hat. Er kritisiert das idealisierte Familienidyll, das mit den Ansprüchen der Leistungsgesellschaft kaum oder nur schwer zu vereinbaren ist, und findet die Verteufelung einer Heimunterbringung falsch. Er als Journalist habe selbst keine andere Alternative gesehen, als die schwerwiegende Entscheidung zu treffen, seine pflegebedürftigen Eltern in professionelle Pflege zu geben, um seinem Job mit zahlreichen Auslandsrecherchen nachkommen zu können. Trotzdem seien ihm noch erhebliche Belastungen geblieben: Zahllose Telefonate mit Beratungsstellen und Einrichtungsleitern und Auseinandersetzungen um Pflegegrad und Leistungen von Kranken- und Pflegeversicherung.

8. Erschwerte Bedingungen im Rollenwechsel - Kindespflicht nach langen Jahren des Kontaktabbruchs

Wenn erwachsene Kinder nach langen Jahren des Kontaktabbruchs infolge des Rollenwechsels in die Pflicht genommen werden und sich um ihre alten, pflegebedürftigen Eltern kümmern müssen, handelt es sich um einen »*Zwangskontakt*«, der für beide Seiten eine erschwerte Bedingung, vielleicht sogar eine Zumutung ist.

Das nachfolgende Beispiel macht deutlich, was es bedeutet, nach jahrelangem Kontaktabbruch wegen der Hilfebedürftigkeit der Eltern in die »Pflicht« genommen zu werden.

Felix, 52:

»Meine Eltern waren immer sehr dominant und ließen mir keinen Raum zur Selbstbestimmung und Selbstentfaltung, weshalb ich mich von ihnen ›abseilte‹, als ich mein erstes Geld verdiente. Über viele Jahre habe ich sehr gut ohne den Kontakt zu meinen Eltern gelebt. Sie haben mir in keiner Weise gefehlt, im Gegenteil, ich fühlte mich ohne sie richtig wohl. Durch den Schlaganfall meiner Mutter und der gleichzeitigen Demenz meines Vaters bin ich als Einzelkind gefordert, mich um meine alten Eltern zu kümmern. Das fällt mir sehr schwer, ehrlich gesagt, würde ich die durch die Pflege erforderliche Zwangsnähe gern vermeiden. Es ist irgendwie tragisch, als noch Zeit dazu war, miteinander zu reden, ging es nicht, weil meine Eltern immer fest davon überzeugt waren, alles richtig zu machen. Heute geht es nicht mehr, weil meine Eltern nicht mehr zum Reden in der Lage sind.«

Felix' Situation ist tragisch. Nach langer Zeit des Kontaktabbruchs muss er sich als Einzelkind um seine kranken Eltern kümmern. Früher lehnten seine Eltern klärende Gespräche ab, weil sie glaubten, alles richtig zu machen, und jetzt ist es zu spät. Vielleicht könnte es Felix helfen, zu verstehen, dass ein Kontaktabbruch nicht einsichtsfähiger macht. Manche Menschen sind nicht reflexionsfähig, und selbst wenn Felix' Eltern es wären, könnte es sie möglicherweise überfordern, aus ihrer geschwächten, abhängigen Position heraus zuzugeben, dass dies oder jenes in der Vergangenheit schlecht gelaufen ist.

Wer lange Jahre keinen Kontakt zu seinen Eltern hatte, hat sich zwangsläufig von ihnen entfremdet. Wenn erwachsene Kinder dann, unter der Notlage der Pflegebedürftigkeit ihrer Eltern, gezwungen sind, den Kontakt zu den Eltern wieder aufzunehmen, wird das zu einem *Pflichtprogramm* mit einschlägigen Schwierigkeiten. Wo kein gegenseitiges Verstehen möglich war, ist wirkliche Nähe nicht zu erwarten.

Ich bin davon überzeugt, dass es bei der Art der Pflege, die man für seine Eltern leistet, darauf ankommt, welche Beziehung man zu ihnen hatte und jetzt hat. Denn wenn Fürsorge zur Pflicht wird, kann sie leicht in Aggression und Gewalt umschlagen. Dann ist es besser, das Kümmern zu delegieren.

9. Wenn pflegebedürftige Eltern die Hilfe ihrer Kinder ablehnen

Unter dem Suchbegriff »Eltern wollen keine Hilfe« finden sich über 13 Millionen Ergebnisse bei Google. Ganz offensichtlich ist das kein Einzelproblem. Über die Ursachen dieses Verhaltens gibt es zahlreiche Veröffentlichungen, die beispielsweise von der Angst berichten, die bisherige Autonomie zu verlieren und in ein Heim abgeschoben zu werden.

Kennen Sie das? Ihre alten Eltern weigern sich strikt, Ihre Hilfe anzunehmen, obwohl sie nicht mehr in der Lage sind, sich allein zu versorgen. Ihre Mutter widersetzt sich, wenn Sie ihr beim Aufräumen und Putzen helfen wollen, und Ihr bereits gebrechlicher Vater lehnt es ab, dass Sie für ihn die Dachrinne säubern.

Stattdessen steigt er auf die Leiter, um sich zu beweisen, dass er noch alles im Griff hat.

In Internetforen berichten Betroffene, wie belastend es ist, wenn die Eltern keine Hilfe annehmen wollen, mürrisch, aggressiv und sehr stur würden.

Gitta, 62:

»Meine Mutter ist 90 Jahre alt und kommt allein einfach nicht mehr zurecht. Alle meine Hilfsangebote lehnt sie strikt ab. Sie glaubt, dass sie alles noch allein hinbekommt. Ihren Altersstarrsinn und ihre Uneinsichtigkeit halte ich nicht mehr aus. Ich bin mit den Nerven völlig am Ende, hatte auch deswegen schon einen Hörsturz. Was soll ich nur machen?«

Viele Kinder, deren Eltern langsam mehr Hilfe benötigen, beschreiben diesen Wandel und ihre neue Rolle als extrem schwierig. Sie haben das Gefühl, ständig gegen eine Wand zu reden, auch wenn es um vergleichsweise einfache Hilfen geht, wie Hörgeräte, Gehhilfen oder Unterstützung im Haushalt. Richtig kritisch wird es, wenn Pflegestufen beantragt werden müssen, ein Pflegedienst nach Hause kommen soll oder die Eltern in »betreutes Wohnen« oder in eine Pflegeeinrichtung umziehen müssen.

Warum aber verhalten sich viele hilfebedürftige Eltern so abweisend, Hilfe anzunehmen?

Viele Eltern haben Sorge, ihren Kindern zur Last zu fallen. Deshalb vermeiden sie es oft, den Kindern gegenüber zuzugeben, wenn ihnen alltägliche Dinge zunehmend schwerer fallen oder gesundheitliche Probleme auftreten. Eine Gefahr besteht auch darin, dass die Eltern den Kontakt zu ihren Kindern oder anderen Angehörigen meiden, damit diese nichts von ihrer Hilfebedürftigkeit mitbekommen.

Niemand ist gern abhängig. Hilfsbedürftigkeit schürt in vielen Menschen Angst. Diese Angst äußert sich häufig in Form von Wut, Aggressivität, Ablehnung und Starrsinnigkeit. Besonders alte Menschen reagieren oft so ablehnend, weil sie Angst davor haben, ihre Selbstständigkeit zu verlieren. Der Verlust von Autonomie ist ein schmerzhafter Prozess. Selbst wenn Kinder ihren Eltern anbieten, sie zu fahren, empfinden die Eltern, die ein Leben lang Auto gefahren sind, es als einen großen Einschnitt und als Verlust von Freiheit, nicht mehr selbst fahren zu sollen.

Viele Kinder hilfebedürftiger Eltern verzweifeln oft, wenn es darum geht, ihre Eltern davon zu überzeugen, Hilfe zuzulassen, ob durch sie selbst oder über einen externen Dienstleister. Dabei verletzen Eltern ihre Kinder nicht bewusst, sie wehren sich mit ihrer Abwehrhaltung nur vehement gegen Fremdbestimmung.

Diese Haltung zu verstehen, gelingt nur über einen *Perspektivwechsel*, um sich in die Situation der Eltern einzufühlen und zu erkennen, woher die Ablehnung, Wut und Aggression kommen. Für Eltern im frühen Stadium kognitiver Beeinträchtigungen ist diese Situation besonders schwer. Ihr verärgerter Vater oder Ihre aufgewühlte Mutter sind sich der Veränderung in ihrem Gehirn bewusst, verstehen das Große und Ganze jedoch nicht mehr. Versuchen Sie, sich in die Lage Ihrer hilfebedürftigen Eltern hineinzuversetzen. Machen Sie sich bewusst, dass hinter jeder Wut und Aggression eine Angst steckt. Wichtig ist, zu erkennen, welche Ängste im Vordergrund stehen und wie man den Eltern diese Ängste nehmen kann. Sich dessen im Umgang mit alten Eltern bewusst zu sein, kann helfen, selbst besser mit der Situation umzugehen und es den alten Eltern zu erleichtern, mit dem beängstigenden Funktionsverlust zurechtzukommen.

Ein Beispiel:

Ihre Mutter reagiert wütend, weil Sie ihr angeboten haben, ab sofort Einkäufe für sie zu übernehmen, um sie zu entlasten. Ihre Mutter ist zwar überfordert, empfindet Ihren gut gemeinten Vorschlag aber als Übergriff und Bevormundung und reagiert wütend und ablehnend. Sie hat vielleicht Angst, nicht mehr bestimmen zu können, was sie gerne einkaufen würde. Außerdem empfindet Ihre Mutter Ihr Entlastungsangebot vielleicht als etwas, das ihr genommen wird, was sie ein Leben lang gern gemacht hat.

Indem Sie sich in die Situation Ihrer Mutter hineinversetzen, erkennen Sie am besten, wie Sie als Tochter in diesem Fall vorgehen sollten.

Eine alternative Herangehensweise wäre zum Beispiel, dass Sie Ihrer Mutter anbieten, gemeinsam mit ihr einkaufen zu gehen. Das gibt sowohl Ihnen als auch Ihrer Mutter Sicherheit, sollte sie erschöpft sein oder »schwächeln«.

Wichtig ist es, so auf Ihre hilfebedürftigen Eltern zuzugehen, dass ihnen vermittelt wird, dass Ihre Hilfe ihnen nicht etwas nimmt, sondern ihre Selbstständigkeit fördert und dass trotz Ihrer Unterstützungsangebote ihre eigene Entscheidungskompetenz erhalten bleibt.

Denken Sie auch immer daran, dass der Prozess der Gewinnung von Akzeptanz der eigenen Hilfsbedürftigkeit schleichend und individuell ist. Dies sollten Sie auch bei Ihren Unterstützungsangeboten berücksichtigen. Überhäufen Sie Ihre alten Eltern deshalb nicht mit allen möglichen Aufgaben, die übernommen werden könnten.

Ist der erste Schritt getan und die Einkäufe werden zusammen erledigt, dann sollten Sie Ihren Eltern Zeit geben, sich an die neue Situation zu gewöhnen. Irgendwann werden Ihre Eltern erkennen, was Ihre Hilfe bedeutet und wie diese ihr Leben bereichert und erleichtert.

Was können Sie als Kind tun, wenn Ihre Eltern sich weigern, Hilfe anzunehmen?

Beobachten Sie die Situation und bieten Sie immer wieder Hilfe an. Halten Sie einen sogenannten Plan B bereit und erstellen Sie eine Notfallmappe. Darin enthalten sollten Ansprechpartner für den Fall sein, dass Ihre Angehörigen doch eines Tages Hilfen in Anspruch nehmen können.

- Liste mit Telefonnummern von Angehörigen und Freunden der Betroffenen sowie der behandelnden Ärzte
- Patientenverfügung
- Flyer des nächstgelegenen Pflegestützpunktes
- Hausnotruf - Adressen von regionalen Anbietern
- Hauswirtschaft - Adressen von regionalen Dienstleistern
- Essen - Anbieter für Essen auf Rädern oder Lieferservice der umliegenden Restaurants
- Adressen von Pflegediensten in der Umgebung
- Adressen von speziellen Beratungsstellen
- Adressen von Selbsthilfegruppen

V. Konflikte im Umgang mit wesensveränderten Eltern

Menschen verändern sich ihr Leben lang, denn ihre Erfahrungen und Erlebnisse prägen ihre Persönlichkeit. Als Erwachsene sind diese Veränderungen jedoch weniger stark ausgeprägt, da man üblicherweise die Grundpfeiler des eigenen Ichs bereits verankert hat. Im höheren Alter kann es jedoch durchaus noch einmal zu einer ausgeprägteren Wesensveränderung kommen.

Durch verschiedene Ursachen (körperlich, seelisch oder als Folge einer Medikation) können sich lang gefestigte Persönlichkeiten sehr stark wandeln: Manche werden aggressiv, manche offener, manche leiden unter Altersstarrsinn oder Depression. Für die Angehörigen ist dies meist nicht leicht, insbesondere, wenn eine schwerwiegende Krankheit die Ursache ist oder sich die Beziehung zur erkrankten Person radikal verschlechtert.

In der Medizin spricht man von einer Wesensveränderung, wenn sich das Verhalten eines Menschen stark verändert und Auswirkungen auf die Persönlichkeit des Betroffenen zeigt. Meist handelt es sich um eine plötzlich auftretende oder zumindest subjektiv als plötzlich auftretend empfundene Veränderung wie Aggression, sozialen Rückzug, Depression oder Starrsinn.

Oft stehen betreuende Kinder hilflos und ratlos ihren wesensveränderten Eltern gegenüber. Ihre Eltern, die sie von klein auf kannten, schätzten und liebten, verhalten sich für sie unverständlich, vielleicht sogar feindselig. Die Verbindung und Verbundenheit wird fragil, wenn die Vertrautheit zu bröckeln beginnt und die Eltern sich durch ihre Wesensveränderung von ihren Kindern entfremden. Dann ist es umso wichtiger, sich als kümmernde Kinder den veränderten Eltern mit Nachsicht zu begegnen.

1. Alt und eigensinnig - Altersstarrsinn

Der sogenannte Altersstarrsinn hat keine feste Definition und auch keine eindeutige Ursache. Einige Menschen verlieren schlicht mit zunehmendem Alter an Kompromissbereitschaft, wollen sich neuen Ideen weniger öffnen oder tun sich schwerer damit, eigene Fehler einzugestehen. Doch wesentlich mehr Personen hadern damit, zu akzeptieren, dass sie nicht mehr so selbstständig in den eigenen vier Wänden leben können, wie sie es bisher gewohnt waren. Hilfe zu erbitten, erfordert die Bereitschaft, sich einzugestehen, dass man für etwas Hilfe braucht, was jahrzehntelang selbstverständlich war. Für die meisten ist es schwierig, den Punkt zu erkennen, an dem Hilfe notwendig wird, weil sich die eigene Handlungsfähigkeit nur langsam verschlechtert und somit lange im Graubereich des noch Schaffbaren bleibt. Kommen dann noch gut gemeinte Ratschläge und unaufgeforderte Hilfsangebote dazu, fühlen sich viele schnell bevormundet und zu deutlich auf den Verlust der Selbstständigkeit hingewiesen. Oft löst dies eher den Reflex »jetzt erst recht« aus, denn gute Ratschläge greifen auch die Bedeutung der eigenen Lebenserfahrung an.

Wer sich in der Phase der Rollenumkehr befindet und die Verantwortung und Fürsorgepflicht für seine alten Eltern übernimmt, kennt solche Szenen:

- Der 82-jährige Vater weigert sich standhaft, den Führerschein abzugeben, obwohl seine Sehkraft mehr und mehr nachlässt und das Autofahren für sich selbst und andere zum Risiko wird.
- Die 78-jährige Mutter hat seit Wochen starke Schmerzen, will aber partout keinen Arzt aufsuchen.

Mit starrsinnigen Eltern diplomatisch und respektvoll umzugehen, ist oft eine besondere Kunst, die viel Kraft und Nerven erfordert. Vielleicht ist der Gedanke hilfreich, dass die alten Eltern nicht bewusst oder boshaft eigen- oder starrsinnig sind, sondern dass diese Veränderungen durch Prozesse des Alterns bedingt sind.

Wenngleich die situativen Belastungen bleiben, so lassen sie sich in diesem Bewusstsein souveräner ertragen. Wenn betreuende Kinder es schaffen, mit dem Verhalten ihrer alten Eltern großzügiger und nachsichtiger umzugehen, kann es sehr wohl zu einem entspannten, verständnisvollen Miteinander kommen.

Den Kreislauf des Starrsinns zu durchbrechen gelingt nicht immer auf Anhieb. Altersstarrsinn kann unterschiedlich stark ausgeprägt sein. Während sich manche Senioren vergleichsweise simpel austricksen lassen und unterschwellig doch Hilfe möglich ist, analysieren andere Menschen das Verhalten ihrer Gesprächspartner sehr genau. So kann es vorkommen, dass die vermeintlich hilfebedürftige, vergessliche Mutter sich im Nachhinein als höchst analytische Person mit enormer Gedächtnisleistung herausstellt.

Es liegt an Ihnen, verschiedene Wege zu testen, um Ihre Eltern im Alter zu unterstützen. Empfehlenswert ist, das Gespräch mit ihnen zu suchen, es aber nicht zu erzwingen. Fragen Sie, was Ihrer Mutter oder Ihrem Vater wichtig ist, worauf sie nicht verzichten möchten oder was ihnen schwerfällt.

Dabei sollten Sie aber keinesfalls auf Schwierigkeiten aufmerksam machen, die Ihnen aufgefallen sind.

Weisen Sie nicht darauf hin, dass das Reaktionsvermögen offensichtlich nachgelassen hat und es gefährlich ist, selbst noch Auto zu fahren. Schlagen Sie besser einen anderen Weg ein und rechnen Sie plausibel vor, dass es günstiger und sorgenfreier ist, gelegentlich mit dem Taxi zum Arzt oder Einkaufen zu fahren, anstatt dauerhaft Versicherungen, Steuer und Reparaturen beim eigenen Auto zu bezahlen, das ohnehin kaum benutzt wird.

Genauso kann es bei einer Haushaltshilfe funktionieren, Mutter oder Vater die Unterstützung schmackhaft zu machen. »Während die Haushaltshilfe putzt, kannst du dies oder das machen und musst dich nicht darum kümmern.«

Hier ist Ihre Geduld gefragt.

Zusammenfassung:

- Sturheit lässt sich nicht mit Sturheit besiegen. Gleichzeitig muss aber auch nicht allem nachgegeben und alles verziehen werden. Finden Sie am besten den springenden Punkt für die Starrsinnigkeit Ihrer Eltern heraus. Wertschätzen Sie ihre Lebensleistung und Erfahrung, wenn sie sich ungesehen, bevormundet oder missachtet fühlen.

- Verstehen Sie, dass hilfebedürftig zu sein, das Selbstbild Ihrer Eltern beschädigt und es ihnen, die ihr bisheriges Leben gemeistert haben, schwerfällt, von ihren Kindern Ratschläge oder Hilfe anzunehmen.
- Sehen Sie Angst, Verzweiflung oder Sorgen Ihrer Eltern und schalten Sie ruhig auch vertraute Dritte mit ein, wenn es zu Konflikten kommt, denn die Beziehung zum Hausarzt ist weniger von Emotionen und Verletzungspotenzial geprägt als das Verhältnis zu den eigenen Kindern. Dadurch sind betroffene Eltern oft kompromissbereiter und zeigen sich offener für Argumente.
- Weisen Sie Ihre Eltern nicht direkt auf Einschränkungen hin, das könnte verletzend wirken. Fragen Sie lieber, was sie sich von Ihnen wünschen.
- Wenn Gespräche ausufern, brechen Sie sie ab und versuchen Sie es bei Gelegenheit erneut. Nehmen Sie vor Allem den Altersstarrsinn Ihrer Eltern nicht persönlich.
- Versuchen Sie gelegentlich, die Perspektive zu wechseln. Wie würden Sie an der Stelle Ihrer Mutter/Ihres Vaters reagieren, wenn Sie spüren, dass Körper und Geist allmählich nachlassen?

2. Veränderung der Persönlichkeit durch eine Suchterkrankung

Nicht jeder ist ein Goethe oder ein Sartre. Beide haben bis ins hohe Alter täglich viel Alkohol getrunken. Der alte Geheimrat Goethe hat sich sogar damit gebrüstet, zwei bis drei Flaschen Rotwein pro Tag zu trinken. Diesen Mengen nach zu urteilen, war Goethe vermutlich auch alkoholabhängig.

Eine Reihe von Faktoren erhöht bei Senioren das Risiko, suchtkrank zu werden. Das können zum Beispiel der Verlust des sozialen Netzwerks, die Pensionierung oder der Tod des Partners sein. Auch finanzielle Einbußen, körperliche Einschränkungen und Schmerzen können dazu beitragen, dass ältere Menschen eher zum Alkohol oder zu Tabletten greifen. Zudem kann die Angst vor dem Altern und dem Verlust der Autonomie ein Motiv sein, sich mit Suchtmitteln zu betäuben.

Suchtbedingte Störungen bei älteren Menschen werden immer noch viel zu selten wahrgenommen, weil sie meist hinter verschlossenen Türen und im Verborgenen stattfinden. Der Alkoholkonsum wird schleichend gesteigert. Oft sind Sekt, Wein oder Bier eine legale Einstiegsdroge, die jederzeit zu beschaffen ist. Das Fatale daran ist, dass viele Menschen über die konsumierten Mengen den Überblick verlieren und infolge des steigenden Bedarfs zu hochprozentigen Getränken greifen.

Überall wird Alkohol als Begrüßungstrunk bei Einladungen angeboten. Wenn jedoch jemand in eine Abhängigkeit gerät, wendet man sich ab, denn das Abgleiten von der Normalität ist ein gesellschaftliches Tabu. Wer sich vom Normbereich entfernt, wird geächtet und ausgegrenzt, weshalb Alkoholprobleme oft geheim gehalten werden. Alkoholismus wird als Kontrollverlust und Schwäche bewertet und ist daher mit Scham verbunden. Kinder schämen sich ihrer Eltern, die durch die Sucht zum Gespött werden oder infolge der Sucht verwahrlosen. Gesellschaftlich wird Alkoholismus meist nicht als Krankheit gesehen.

Sucht im Alter ist für viele Betroffene und ihre Angehörigen ein Tabuthema. Das Schamgefühl verdrängt oft die Wahrheit. »Sucht im Alter« war bis vor wenigen Jahren noch kein Thema. Als süchtig hat man eher junge Menschen gesehen, auch weil ihr Drogenmissbrauch im Gegensatz zu dem älterer Menschen in der Öffentlichkeit, z. B. in einer Disco, stattfindet.

Aber sind alte Menschen wirklich süchtig nach Alkohol, Medikamenten, gar nach illegalen Drogen? Darauf sind Mediziner erst vor gut zwei Jahrzehnten gestoßen. Bislang galt: Alte Menschen hören irgendwann einfach auf, Alkohol zu trinken. Oder sie sterben, bevor die Sucht zum Problem für sie oder ihre Mitmenschen wird.

Alkohol ist eine legale Droge, und zu viel Alkohol konsumieren meist Männer.

»Einen Schnaps am Abend - und man wird 100 Jahre alt.«

Das ist eine alte und viel zitierte Lebensweisheit. Wenn es dabei bliebe, wäre alles in Ordnung. Leider neigen viele ältere Menschen dazu, die Menge langsam zu steigern, ohne zu berücksichtigen, dass man im Alter weniger verträgt. Männer über sechzig haben häufig ein »problematisches Trinkverhalten«.[8]

Wann aus bloßem Alkoholgenuss eine Sucht wird, hängt auch davon ab, in welchem sozialen Umfeld sie leben, wie alt sie sind und wie viel Alkohol sie vorher schon konsumiert haben. Die Erfahrung zeigt, dass es einen extrem schmalen Grat zwischen Gewohnheit und Abhängigkeit gibt.

Die Gründe für den steigenden Alkoholkonsum im Alter sind vielfältig. Oft stecken Einsamkeit und das Gefühl, nutzlos zu sein, wachsende Altersarmut, die Konfrontation mit dem bevorstehenden Tod oder nicht aufgearbeitete Lebensereignisse hinter dem Griff zur Flasche. Zudem ist Alkohol besonders für Menschen mit chronischen Schmerzen eine verlockende Alternative zu verschreibungspflichtigen Opiaten.

Wenn es keinen Kontakt mehr zu Arbeitskollegen gibt oder wenn alte Freunde und Bekannte sterben, dann fällt niemandem mehr auf, wenn ein vereinsamter älterer Mensch abhängig von legalen Drogen wird.

Nora, 39:

»Meine Mutter starb sehr überraschend vor zwei Jahren. Zurück blieb mein Vater, inzwischen 79. Seit ich denken kann, hat er viele gesundheitliche Baustellen und ist sehr unselbstständig, weil er bis zu Mamas Tod praktisch von ihr rundum versorgt wurde. Der Tod meiner Mutter hat ihn völlig aus der Bahn geworfen. Bei jedem Besuch fiel mir auf, dass er sich offensichtlich mit Alkohol tröstet, was er natürlich vehement bestreitet, wenn ich ihn darauf anspreche. Einige Male habe ich ihn bei unangekündigten Besuchen ungewaschen und unrasiert im Schlafanzug vorgefunden, ein unwürdiger Anblick und ein unappetitlicher Geruch. Mehr und mehr fallen mir bei ihm gravierende Veränderungen im Verhalten und Wesen auf. Er ist vergesslich, leicht reizbar und aggressiv, fährt schnell aus der Haut und vernachlässigt nicht nur sich selbst, sondern auch seine Wohnung und will auch nicht, dass ich

aufräume oder putze. Ich glaube, dass er Angst davor hat, dass seine Tarnung seiner Alkoholsucht auffliegen könnte«.

Im Gegensatz zu älteren Männern entwickeln ältere Frauen eine Medikamentensucht. Medikamente mit Suchtpotenzial können im Wesentlichen in fünf Gruppen eingeteilt werden:

- Schmerzmedikamente (Analgetika)
- Hustenmedikamente (z.B. Codein)
- Dämpfende Medikamente (Sedativa, Hypnotika)
- Entspannungs- und Beruhigungsmedikamente (Tranquilizer)
- Aufputschmittel (Stimulanzen, erregende Medikamente)

Oft beginnt eine Medikamentenabhängigkeit während eines Krankenhausaufenthalts. Dort gibt man Patienten, die Angst vor Eingriffen haben oder depressiv sind, Beruhigungsmittel mit Suchtpotenzial, z.B. Bromazepam, Bromazanil, Diazepam, Valoron, Lexotanil, Tavor, Adumbran.

Tanja, 46:
»Ich mache mir im Moment unglaubliche Sorgen um meine 78-jährige Mutter, die schwer medikamentenabhängig ist. Ich weiß, dass sie die folgenden Mittel nimmt: Adumbran, Oxazepam, Zopiclon, Tilidin, Insidon, manchmal wohl auch Tramal. Meine Mutter hat in ihrem Leben viel mitgemacht. Von ihrer lebenslangen, harten Arbeit hat sie ziemliche Rücken- und Gelenkschmerzen. Meine Mutter geht zu mehreren Ärzten, von denen sie sich die jeweiligen Medikamente verschreiben lässt. Ich habe sie nun auch schon ganz offen darauf ange-

sprochen, dass ich mir große Sorgen mache. Aber sie besteht darauf, dass sie die Medikamente wegen der Schmerzen braucht!«

Astrid, 54:

»Meine Schwiegermutter (inzwischen verstorben) war schwer an Osteoporose erkrankt und über lange Jahre, bis zu ihrem Tod, medikamentenabhängig. Sie war nervlich nicht sehr belastbar und hatte vor Jahrzehnten bereits von ihrem Hausarzt Beruhigungsmittel verschrieben bekommen. Im Laufe vieler Jahre entwickelte sich schleichend eine Abhängigkeit und die Dosis wurde immer höher. Sie war sogar schon einmal in einer Suchtklinik zum Entzug. Weil sie mit ihrer vom Arzt verordneten Menge nicht auskam, schickte ich ihr das Adumbran, das ich mir von einem befreundeten Arzt auf mein Privatrezept verordnen ließ. Meine Schwiegermutter reagierte immer total panisch, wenn sie nicht mehr genug Beruhigungsmittel im Haus hatte. Ich weiß nicht, ob es richtig war, ihr auf diese Weise zu helfen, aber es tat mir immer leid, die alte Frau leiden zu sehen.«

Die Beispiele zeigen, dass Sucht keine Altersgrenzen kennt. Alkohol, Nikotin und Medikamente führen auch im höheren und hohen Lebensalter zu Missbrauch und Abhängigkeit sowie zu weiteren schweren gesundheitlichen Schäden. Experten sprechen von einer *stillen Suchtepidemie.*[9] Sucht ist keine Frage der Moral, Sucht ist eine Krankheit. Es gibt auch für ältere Menschen viele Anlaufstellen, um Hilfe zu bekommen. Insbesondere die Drogenberatungsstellen gehen auf den Beratungsbedarf älterer Menschen ein und unterstützen diese. Das Problem ist nur, wie die Kinder alter, suchtkranker Eltern diese davon überzeugen können, professionelle Hilfe in Anspruch zu nehmen.

3. Altersdepression - erschwerter Umgang mit alten Eltern

Altersdepression oder Altersschwermut ist bei 70- bis 90-Jährigen die häufigste psychische Krankheit. Experten schätzen, dass jeder vierte alte Mensch an depressiven Symptomen leidet, die häufig nicht erkannt und nicht behandelt werden. Besonders schwierig wird der Umgang mit alten Eltern, wenn durch eine Altersdepression deren Seele auf Halbmast hängt.

Die Symptome einer Altersdepression sind: Schwermütigkeit, Erschöpfung, Antriebsschwäche, Lustlosigkeit, traurige oder melancholische Stimmung, Rückzug von angenehmen Aktivitäten und der Wunsch, in Ruhe gelassen zu werden. Gewohnte Aktivitäten fallen immer schwerer und sind stark von der körperlichen Verfassung abhängig. Die soziale Isolation wird zunehmend spürbar. Die Lebensperspektive ist im Alter anders als in jüngeren Jahren – positive Veränderungen werden kaum noch erwartet, stattdessen aber Verluste und Einschränkungen, die mit dem Älterwerden einhergehen. Die Reaktion eines alternden Menschen, der sich immer mehr in die eigene Wohnung zurückzieht und den Veränderungen im eigenen Leben nachtrauert, ist für Nahestehende meistens verständlich.

Wenn sich kritische Lebensereignisse häufen, wenn Trauer, Krankheit und fehlende Aufgaben das Leben sinnlos erscheinen lassen, dann brauchen ältere Menschen Hilfe und Unterstützung, am besten aus der Familie. Nicht allein zu sein ist besonders wichtig: Der Kontakt zur Familie, zu Freunden, einem Verein oder einer Gemeinde hilft, Altersdepressionen vorzubeugen.

Ein großes Manko in unserer Gesellschaft ist die Tabuisierung des Alters und der letzten Lebensphase. Die geringere Wertschätzung und die Ausgrenzung, die Ältere im Alltag erfahren, verschärfen die Situation.

- Krankhafte Altersschwermut kann sich auch aus unbewältigter Trauer entwickeln, denn alte Eltern erleiden im Alter eine Kette von Verlusten:
- Der Verlust des Partners, der Freunde, Weggefährten von früher und wichtiger Bezugspersonen führt zur Vereinsamung.
- Der Verlust von Vitalität und Selbstständigkeit macht abhängig bis hin zur totalen Pflegebedürftigkeit.
- Der Verlust von Einkommen führt nicht selten zur Verarmung.
- Der Verlust der vertrauten Umgebung schafft Isolation und Abhängigkeit.

Aber auch genetische Vorbelastung, der Stoffwechsel im Gehirn oder Nebenwirkungen von bestimmten Medikamenten können zu Depressionen führen.

Was aber ist das Tückische an der Depression und anders im Vergleich als bei anderen Krankheiten, die die eigenen Eltern vielleicht vorübergehend einschränken?

Wer sich ein Bein bricht, wird im Krankenhaus behandelt und später in der Reha mobilisiert. Wer Veränderungen an seiner Haut feststellt, geht zum Dermatologen. Depressive Erkrankte hingegen ziehen sich zurück und bitten meist nicht um Hilfe. Im Gegenteil: Keiner will psychisch krank sein, selbst wenn er es ahnt, dass er es ist. Vielen fehlt die Krankheitseinsicht komplett und sie denken, es werde schon wieder vorbeigehen. Umso wichtiger ist es, dass erwachsene Kinder hartnäckig bleiben, wenn sie Anzeichen einer Depression wahrnehmen und sich über Symptome und Hilfsangebote informieren.

Das Aussprechen der eigenen Vermutung gegenüber dem Elternteil und die Krankheit konkret zu benennen, ist ein wichtiger erster Schritt.

Beim zweiten Schritt, Hilfe anzubieten und »dranzubleiben«, wird es meist heikel, denn man will als Kind nicht übergriffig werden oder bevormunden. Unsere Eltern sind für die meisten von uns Respektpersonen, daher gibt es ein gewaltiges Hemmnis, aus der Rolle zu fallen. Auch für den depressiven Vater oder die Mutter ist es – häufig aus Scham - schwierig, Hilfe anzunehmen, selbst wenn die Krankheitseinsicht da ist. Sie denken: »Ich bin doch der Erwachsene!«

Das kann die Kinder frustrieren, da sie die Not eines geliebten Menschen sehen und helfen wollen. Die Situation kann daher auch in Ärger umschlagen.

Erwachsene Kinder erleben in solchen Momenten oft eine große Ohnmacht. Sie wollen helfen, und man lässt sie nicht. Therapeuten haben ähnliche Erfahrungen mit Patienten, können das aber aushalten, da sie eine professionelle Distanz zur erkrankten Person haben. Den eigenen Eltern steht man sehr nahe. Das belastet und man fühlt sich plötzlich hilflos, wie in der Kindheit, als man dem Willen der Erwachsenen ausgeliefert war und kaum Einfluss auf deren Entscheidungen hatte. Daraus resultiert schnell Ärger, was zwar verständlich, aber gerade in dieser Situation nicht konstruktiv ist. Die erlebte Ohnmacht kann auch in Dominanz und Machtgehabe umschlagen, was zu Konflikten führt.

Was kann ich als Kind tun, wenn ein depressiver Elternteil sich meiner Hilfe verweigert?

Man sollte sich bewusst machen, dass Betroffene die Erkrankung oft nicht wahrhaben wollen und Hilfe daher nicht annehmen können. Für die Eltern ist es ein Prozess, zu erkennen, dass sie hilfsbedürftig sind. Das ist schwierig, weil dabei der Gedanke mitschwingt: »Oh Gott, jetzt bin ich alt. Man muss sich um mich kümmern.« Dabei sind sie vielleicht gerade erst 50 oder 60 Jahre alt. Dennoch fragen sie sich womöglich, wie das nur alles werden soll, wenn sie erst einmal älter sind.

Solche schmerzhaften Einsichten verkomplizieren die Situation.

Vom ersten Bemerken möglicher Symptome der Depression, die ein Kind an seiner Mutter oder seinem Vater feststellt, bis zur Diagnosestellung oder gar Therapie kann viel Zeit vergehen. Was erwachsenen Kindern bei diesem langwierigen Prozess helfen kann, sind professionelle Angebote und Lastenverteilung.

Zum Beispiel kann man zur Entlastung seinen Partner in den Haushalt oder in die Kinderbetreuung stärker einbeziehen. Auch wäre es hilfreich, die Geschwister ins Boot zu holen. Sie kennen die Eltern ja genauso gut. Man kann sich mit ihnen auf einer sehr persönlichen Ebene über Mutter und Vater austauschen, Termine aufteilen, Erledigungen übernehmen und sich gegenseitig unterstützen.

Oft geht es auch gar nicht anders, als sich das »Kümmern« aufzuteilen. Wir wohnen längst nicht mehr mit unseren Eltern im selben Haus, häufig sogar in unterschiedlichen Städten. Dann kann der eine im Internet Hilfsangebote und Fachärzte recherchieren, während der andere den erkrankten Elternteil vor Ort zu den Terminen begleitet. Wichtig ist es, die Lasten auf mehreren Schultern zu verteilen.

Welche Hilfsangebote stehen den erwachsenen Kindern und deren depressiven Eltern offen?

Grundsätzlich kann sich jeder Angehörige eines von Depressionen betroffenen Menschen an den *sozialpsychiatrischen Dienst* wenden, der auch Hausbesuche durchführt. Oft ist er an das örtliche Gesundheitsamt angegliedert und besteht aus einem interdisziplinären Team, z.B. mit Sozialpädagogen, Fachärzten und Psychologen. Auch *psychiatrische Institutsambulanzen* leisten bei Depressionen Erste Hilfe. Den *Hausarzt* einzubinden und ihn auf die vermutete Depression anzusprechen, ist ebenfalls eine gute Idee. Kinder kennen ihre Eltern so gut wie kaum ein anderer. Ihnen und dem anderen Elternteil fallen Veränderungen am ehesten auf. Sie geben also wichtige erste Hinweise auf das eventuelle Vorliegen einer psychischen Erkrankung.

Schwierig gestaltet sich das Helfen, wenn einem selbst schlichtweg die zeitlichen Ressourcen fehlen, weil man selbst Vollzeit berufstätig ist, eigene Kinder zu versorgen hat oder womöglich alleinerziehend ist. Ebenso wenig ist es zumutbar, sich aufopferungsvoll zu kümmern, wenn das Verhältnis zu den Eltern durch ungelöste Konflikte belastet ist. Eigenschutz ist da ein wichtiges Stichwort. Wer sich überfordert, ausgebrannt oder anderweitig nicht wohlfühlt, sollte diese Gefühle reflektieren und darf sich ohne schlechtes Gewissen aus der Situation herausziehen. Darüber hinaus können Selbsthilfegruppen eine große Unterstützung für Angehörige sein.

Holen Sie sich Unterstützung von außen. Haben Sie vor allem viel Geduld – mit dem Kranken, aber auch mit sich selbst. Depressive Menschen sind anstrengend, weil sich alles nur um ihre Befindlichkeit dreht. Ihre Sichtweise ist eingeschränkt. Gestatten Sie es sich auch, sich selbst einmal hilflos oder überfordert zu fühlen. Tun Sie sich jeden Tag etwas Gutes. Gehen Sie ohne schlechtes Gewissen ins Kino oder besuchen Sie Freunde, die Sie wieder aufrichten können. Machen Sie dem Kranken Mut, denn es ist gut zu wissen, dass auch eine Altersdepression unter guter Medikation vorbeigeht, wenn auch in schweren Fällen erst nach Monaten. Lassen Sie den Kranken keine schwierigen Entscheidungen mit Tragweite treffen, wie Wohnungswechsel oder Verkauf des Hauses. Geben Sie dem Kranken Gelegenheit, sich auszusprechen und informieren Sie den behandelnden Arzt Ihrer Eltern über jede Veränderung, die Sie wahrnehmen.

4. Persönlichkeitsveränderung infolge eines Gehirntumors

Manchmal bemerken Kinder *Wesensveränderungen* im Verhalten ihrer Eltern, wie zunehmende Vergesslichkeit, Desorientierung, Gleichgewichts- und Feinmotorikstörungen, Sprachprobleme oder verminderte Aufmerksamkeits- und Gedächtnisleistung. Solche neurologischen Ausfälle verunsichern sowohl die alten Eltern als auch deren Kinder. Diese Beeinträchtigungen führen zu zahlreichen Veränderungen im Alltag, zum Beispiel ist Autofahren dann nicht mehr möglich, was als Freiheitsverlust empfunden wird und Aggressionen hervorrufen kann.

Gudrun, 58:

»Ich erkannte meine Mutter nicht wieder. Die sonst so aktive, unternehmungsfreudige und ausgeglichene Frau hatte plötzlich Charakterzüge angenommen, die mir vollkommen fremd waren. Sie war zu einer unberechenbaren Furie mutiert. Trotz mentaler Defizite schaffte sie es, gegenüber unserem Hausarzt charmant, eloquent, besonnen und ruhig zu bleiben. Aber in der Familie war sie oft sehr egozentrisch, aggressiv und gemein, schrie herum und beschimpfte und demütigte Familie und Freunde, bis die Tränen flossen oder es sogar zu Handgreiflichkeiten kam. Dass letztlich eine ernstzunehmende Erkrankung für ihre Wesensveränderung sorgte, ahnte zu diesem Zeitpunkt niemand. In dieser Zeit war meine Mutter ständig müde und aggressiv. Zudem hatte sie ihren Geruchs- und Sehsinn verloren. Der Augenarzt stellte beunruhigende Abweichungen fest und überwies meine Mutter zum Neurologen. Dort wurde ein inoperabler Gehirntumor festgestellt, an dem sie nach acht Monaten verstarb.«

Die von Gudrun beschriebenen Persönlichkeits- bzw. Wesensveränderungen, die Aggressionen, täglichen Beschimpfungen, Demütigungen und der regelrechte Psychoterror bringen pflegende Kinder an die Grenzen ihrer Kräfte. Zudem kommt es häufig durch Wesensveränderungen zu Unberechenbarkeit und zu Kränkungen. Für beleidigte, pflegende Angehörige ist es nicht leicht, zum Selbstschutz innerlich auf Abstand zu gehen. Vom Kopf her ist klar, dass es die Auswirkungen des Tumors sind, im Herzen kommt das aber trotzdem als Kränkung an.

Eines der schönsten Bücher von Philip Roth, »Mein Leben als Sohn«[10], handelt von seinem Vater Herman Roth, Jahrgang 1901, einem störrischen, alleinlebenden Rentner, der gerne Witze erzählt und mit den Jahren immer geiziger wurde.

Natürlich weiß eigentlich jeder, dass die eigenen Eltern irgendwann alt werden, und damit verbunden ist auch eine allgemeine Hinfälligkeit. Krankheiten stellen sich ein, und auf einmal sind sie nicht mehr in der Lage, sich selbst wie bisher zu versorgen. Trotzdem ist es dann ein Schock, wenn es tatsächlich soweit ist.

Roths Vater hatte sich nach dem Tod seiner Frau überraschend gut erholt. Nach der Trauerzeit hatte er begonnen, sein Witwerdasein noch richtig zu genießen, war im Winter in Florida von den alleinstehenden Damen umschwärmt worden und hatte sich wirklich noch einmal verliebt. Doch eines Morgens war mit seinem Gesicht etwas nicht mehr in Ordnung: Er konnte nur noch eine Hälfte davon bewegen. Nicht so schlimm, lautete die erste Diagnose der Ärzte in Florida, ärgerlich, aber nicht lebensbedrohlich. Erst in New York wurde er dann genauer untersucht und dabei wurde festgestellt, dass er einen großen Gehirntumor hatte. Plötzlich war Philip Roth als Sohn gefragt, Entscheidungen zu treffen, zu denen sein Vater nicht mehr in der Lage war: Sollte der Tumor noch operiert werden? Schon der Eingriff als solcher ist mit viel Risiko verbunden, dazu die Aussicht, in monatelanger, mühevoller Kleinarbeit wieder laufen, sprechen, alles neu lernen zu müssen. Sollte er als Sohn das seinem fast 90-jährigen Vater noch zumuten? Philip traf die Entscheidung gegen die Operation, aber gleichzeitig wissend, dass in absehbarer Zeit eine deutliche Verschlechterung des Zustands seines Vaters eintreten würde.

Mit der Diagnose beginnt Roths autobiografischer Roman. Er hat die Erkrankung seines Vaters und die Persönlichkeitsveränderungen dokumentiert und ihn bis zu seinem Tod begleitet.

»Mein Leben als Sohn« porträtiert ungeschönt die letzte Phase seines Vaters, ungeschönt, aber liebevoll, obwohl die Beziehung zu seinem Vater in früheren Jahren nicht einfach gewesen war.

Roths autobiografischer Roman ist viel mehr als ein Bericht über den Verlauf einer Krankheitsgeschichte, eher ein lebendiges Zeugnis von den Befürchtungen und Ängsten. Es ist ein Buch, in dem auf sehr zärtliche Weise Abschied genommen wird. Auch in peinlichen Momenten, wenn die körperliche Hinfälligkeit seines Vaters so groß ist, dass intime Handreichungen nötig sind, wird nichts kleingeredet, aber auch nichts dramatisiert.

Philip Roth setzt sich in diesem Buch mit der Beziehung zwischen Eltern und Kindern auseinander, mit dem Altwerden in unserer Gesellschaft, der Einsamkeit und Abhängigkeit und vor allem mit der Liebe, wenn sie am schwierigsten ist. Mit schonungsloser Genauigkeit, aber auch mit Mitgefühl, schildert er die letzte Lebensphase seines Vaters.

»Mein Leben als Sohn« ist eine wahre Geschichte und offenbart, dass das Verhältnis zwischen Sohn und Vater ein Leben lang von der Autorität des Vaters bestimmt war. Noch jetzt, seinem siechen Vater gegenüber, fühlt sich Roth eher als Sohn denn als gleichberechtigter Partner. Es fällt ihm schwer, seinem Vater mit Bestimmtheit gegenüberzutreten, obwohl dieser darauf ohne Aufbrausen reagiert und den Vorschlägen seines Sohnes folgt. Die bangen Fragen bzgl. der Patientenverfügung, die sich der Sohn stellte, waren alle unnötig: die lakonische Reaktion des Vaters nach dem Vorlesen der Verfügung: »Ok, machen wir.«

Der einfache Erzählstil der Geschichte verleiht der Trauer eine Sanftheit, aber zugleich eine Tiefe, die zum Verstehen und Nachempfinden zwingt. Dem Autor ist es gelungen, Altern, Abbauprozesse und das Lebensende als die größten Herausforderungen an die Menschen heranzutragen. »Mein Leben als Sohn« ist eine intensive Auseinandersetzung des Sohnes mit seinem Verhältnis zum Vater und eine berührende Krankengeschichte über den Versuch, das »Richtige«, zumindest aber das »Angemessene« am Ende des Lebens zu tun.

5. Persönlichkeitsveränderung durch Altersdemenz

Der Begriff »Demenz« bezeichnet den Verfall der geistigen Leistungsfähigkeit. Man versteht darunter vor allem die Abnahme von Gedächtnisleistung und Denkvermögen. Es handelt sich um ein psychiatrisches Syndrom, das den Verlust von kognitiven, emotionalen und sozialen Fähigkeiten zur Folge hat. Kurzzeitgedächtnis, Denkvermögen, Sprache und Motorik ändern sich oder gehen langsam verloren. Der Betroffene kann aggressiv oder enthemmt, depressiv oder in seiner Stimmung sprunghaft werden und verliert im Laufe der Krankheit seine Persönlichkeit, was für Angehörige erhebliche Probleme aufwirft. Die Betroffenen vereinsamen innerlich, da ihnen niemand in ihrem Erleben der Welt mehr folgen kann.

Die Altersdemenz verläuft in drei Stadien:

- Erstes Stadium (leichte Demenz): Hier ist die Vergesslichkeit des Patienten das deutlichste Symptom.
- Zweites Stadium (mittelgradige Demenz): Gedächtnisaussetzer und motorische Schwächen häufen sich.
- Drittes Stadium (schwere Demenz): Der Patient ist alleine nicht mehr überlebensfähig.

5.1 Das Erkennen der Altersdemenz

Die Alzheimer-Demenz, die häufigste Form der Demenz, beginnt typischerweise mit Gedächtnisstörungen. Weitere Symptome sind zum Beispiel Wortfindungsstörungen oder Störungen der Handlungsplanung. Manchmal sind die Betroffenen anfangs auch aggressiv oder enthemmt, oder ihre Sprache ändert sich. Sie können neue Informationen nicht mehr im Langzeitgedächtnis speichern, vergessen Termine, verlegen Gegenstände oder erinnern sich nicht an die Namen entfernter Bekannter. Von einer Demenz Betroffene bemerken ihre Leistungsverluste meist schneller als alle anderen.

Dieser Verfall betrifft zunächst die Aufnahme bzw. das Wiedergeben neuer gedanklicher Inhalte, sodass die Orientierung (wo bin ich, was passiert gerade), die Urteilsfähigkeit, die Sprach- und Rechenfähigkeit sowie Teile der Persönlichkeit zerstört werden. Dies kann sich in den Alltagsaktivitäten wie Waschen, Kochen oder Einkaufen niederschlagen.

Angehörige sind für die Diagnosestellung der Demenz sehr wichtig, da die Betroffenen die Symptome teilweise selbst nicht wahrnehmen oder sie wegen ihrer Peinlichkeit lieber verschweigen. Zuerst gilt es, eine Demenz von leichten Formen der Vergesslichkeit abzugrenzen, die bereits viele ältere Menschen ängstlich an Demenz glauben lässt. Im Verdachtsfall sollten Verfahren wie Computer- oder Kernspintomographie eingesetzt werden, um eine sichere Diagnose zu erhalten.

Ellen, 53:

»Seitdem mein Vater an Demenz erkrankt ist, geht er nicht mehr gerne unter Leute. Seine Vergesslichkeit ist ihm sehr unangenehm. Früher war er belesen und an allem interessiert. Heute kann er sich oft nicht an Dinge erinnern, die erst gestern oder sogar heute passiert sind und kann sich auf einmal nicht mehr richtig ausdrücken.«

Die Schwierigkeit, sich Dinge zu merken, steht in der Regel am Beginn einer Demenzerkrankung. Die Betroffenen können neue Informationen nicht mehr im Langzeitgedächtnis speichern. Oft geraten sie aufgrund ihrer Gedächtnislücken völlig durcheinander und fühlen sich gedemütigt und beschämt. Mithilfe von Merkzetteln oder durch Zurückhaltung in Gesprächen versuchen sie, ihre Vergesslichkeit zu verbergen. Hobbys werden aus vorgeschobenen Gründen aufgegeben, Fehler abgestritten und Angehörige etwa beschuldigt, Geld weggenommen zu haben.

Entstehen im Gedächtnis immer mehr Lücken, leidet auch das Denkvermögen. Menschen mit Demenz sind dadurch immer weniger in der Lage, mithilfe ihres Verstandes die auf sie einströmenden Informationen und Eindrücke zu ordnen oder zu bewerten. Deshalb fällt es den Betroffenen immer schwerer, Entscheidungen zu treffen oder Probleme durch logische Schlussfolgerungen zu lösen. Verbrennt sich ein an Demenz erkrankter Mensch beispielsweise die Zunge, gelingt der Rückschluss, dass der Tee zu heiß war, unter Umständen nicht mehr. Es kann daher sein, dass er trotz Schmerzen weitertrinkt.

Logische Erklärungen versteht die erkrankte Person nicht mehr, genauso wenig kann sie Fragen nach Gründen für ihr Verhalten oder ihre Gefühlsäußerungen beantworten. Deshalb ist es nicht zielführend, sich mit an Demenz erkrankten Menschen auf Streitereien oder Diskussionen einzulassen und dabei zu versuchen, den Menschen durch logische Argumente zu überzeugen. Sucht etwa ein 80-jähriger Mann seine Mutter, verpufft der Einwand, sie müsse schon über 100 Jahre alt sein, da sich der Erkrankte nicht mehr an das eigene Alter erinnert.

Im weiteren Krankheitsverlauf sind sich die Betroffenen ihrer Gedächtnisprobleme immer weniger bewusst. Das Leiden an den Folgen wie beispielsweise dem Verlust von Unabhängigkeit bleibt aber bestehen. Zur schwindenden Merkfähigkeit tritt ein fortschreitender Gedächtnisabbau, zunehmend verblassen auch bereits eingeprägte Inhalte des Langzeitgedächtnisses. In der Folge wird das logische Denken beeinträchtigt, erworbene Fähigkeiten gehen verloren und das Sprachvermögen nimmt ab. Am Ende verlieren die Betroffenen schließlich das Wissen darüber, »wer sie waren« und »wer sie sind.«

Karin, 61:
»Meine Mutter war früher Krankenschwester. Seit sie an Demenz erkrankt ist, denkt sie abends oder nachts oft, dass sie ins Krankenhaus muss, um zu arbeiten. Wenn ich versuche, sie am Rausgehen zu hindern, wird sie schnell aggressiv. Es bringt auch nichts, wenn ich ihr sage, dass sie schon seit vielen Jahren in Rente ist oder dass es Zeit ist zu schlafen. Doch wenn ich ihr erzähle, dass ihre Stationsschwester angerufen hat und sie Bereitschaftsdienst hat, setzt sie sich neben das Telefon und wartet. Meist vergisst sie dann wieder ihren ›Dienst‹ und ich kann sie ins Bett bringen.«

Oftmals leidet die an Demenz erkrankte Person unter Dingen, die sie nicht mehr nachvollziehen kann. Kommen Besucher vorbei, drängt sich die Befürchtung auf, sie könnten ihr vertraute

Angehörige wegnehmen, raschelndes Laub deutet auf gefährliche Einbrecher hin, ein knackendes Heizungsrohr wird zu Gewehrschüssen. Die erkrankte Person ist so zunehmend von der Wirklichkeit überfordert – einfache Gegenstände wie eine Zahnbürste oder eine Gabel verlieren ihren Sinn, unkomplizierte Tätigkeiten im Alltag können nicht mehr ausgeführt werden.

Tipps für pflegende Kinder bei Verständnisverlust

- Versuchen Sie nicht, den erkrankten Menschen mithilfe logischer Argumente von Ihrer Sicht der Dinge zu überzeugen.
- Gehen Sie Streitereien oder Diskussionen aus dem Weg, indem Sie ihm entweder recht geben oder ihn ablenken.
- Erwarten Sie nicht, dass er fähig ist, seine Handlungen zu erklären.
- Beseitigen Sie die Ursachen seiner Sorgen und Fehlinterpretationen wie etwa knackende Heizungsrohre.
- Ist dies nicht möglich, versuchen Sie, ihn auf der Gefühlsebene zu beruhigen, etwa durch Argumente wie: »Ich verstehe, dass das Heulen des Windes dir Angst macht, aber ich passe auf, dass uns nichts passiert.«
- Suchen Sie selbst nach Ursachen, wenn der Erkrankte scheinbar grundlos beunruhigt oder verängstigt ist.

5.2 Der Umgang mit der Altersdemenz

Bei einer Demenz kommt es zu einem Abbau geistiger Fähigkeiten mit Nachlassen des Gedächtnisses sowie anderer Leistungsbereiche des Gehirns, die zu einer Beeinträchtigung im Alltag führen. Es fängt oft mit Kleinigkeiten an.

Lisa, 49:

»Ich mache mir Sorgen um meine verwitwete Mutter. Sie lacht nicht mehr so viel wie früher – zumindest nicht mehr von Herzen, sondern eher, als ob jemand einen Witz nicht verstanden hat, es sich aber nicht anmerken lassen will. Zudem beobachte ich, dass sie oft nicht weiß, wo sie ihre Brille hat – oder den Haustürschlüssel. Doch es gibt auch die Momente, in denen sie plötzlich mitten im Zimmer stehen bleibt und dann sagt: 'Jetzt habe ich total vergessen, was ich wollte...'. Auf mich wirkt Mama dann irgendwie wie in einer anderen Welt und ich frage mich, ob das schon eine beginnende Demenz ist oder ob es ein normaler Alterungsprozess ist, dass alte Leute halt vergesslich werden.«

Wie Lisa geht es vielen pflegenden Kindern, die mit Veränderungen im Verhalten ihrer Eltern konfrontiert werden. Aber ihre Eltern bemerken selbst Veränderungen an sich und versuchen zunächst, sie zu überspielen oder zu kompensieren. Sie bemerken ihre Leistungsverluste meist schneller als alle anderen und geraten oft aufgrund ihrer Gedächtnislücken völlig durcheinander und fühlen sich gedemütigt und beschämt. Mithilfe von Merkzetteln oder durch Zurückhaltung in Gesprächen versuchen sie, ihre Vergesslichkeit zu verbergen. Dieses Erleben geht zumeist mit einem wahren Gefühlskarussell, wie z. B. Peinlichkeit, Wut, Misstrauen, Ohnmacht, Verzweiflung, Ungeduld und Angst, einher. Als Reaktion hierauf entwickeln sie unterschiedlichste Bewältigungsstrategien, um mit der eigenen Veränderung umzugehen. Erkrankte Eltern können sich meist selbst nicht erklären, was mit ihnen geschieht und greifen auf Bewältigungsstrategien wie Leugnen, Relativieren, Ritualisieren, Isolieren oder Fremdbeschuldigungen zurück, zum Schutz ihrer Würde und zur Aufrechterhaltung ihrer Persönlichkeit.

Im Verlauf einer fortschreitenden demenziellen Erkrankung wird es für betroffene Eltern immer schwieriger, alltägliche Aufgaben selbstständig zu bewältigen. Sie werden vergesslich und haben zunehmend Probleme, sich sprachlich auszudrücken. Handeln und Denken fällt ihnen schwer. Die Orientierung zu Orten und Personen nimmt ab. Trotzdem nehmen sie ihre Umwelt wahr, besonders auf der Gefühlsebene.

Über die emotionale Ebene ist es aber selbst im fortgeschrittenen Stadium möglich, demenziell erkrankte Eltern zu erreichen, denn auch, wenn die Erinnerung geht, bleiben die Gefühle. Wichtig werden jetzt emotionale Bindungen

- an Personen, Erinnerungen, Ziele, Tätigkeiten,
- an persönliche Projekte,
- an Dinge, die das Leben eines Erkrankten bereichern,
- an denen er hängt,
- die ihm wichtig sind,
- die für demenziell Erkrankte wertvoll und der Schlüssel zu Lebenssinn und Lebensfreude sind.

Als verantwortliche Kinder sollten Sie Ihren Eltern möglichst viele positive Alltagssituationen schaffen, die für sie Lichtblicke sind:

- »Mama freut sich, wenn ihre Enkel zu Besuch kommen.«
- »Mama hatte immer einen Sinn für Mode und freut sich auch heute noch, in Katalogen zu blättern.«
- »Papa freut sich und blüht auf, wenn er sich irgendwie nützlich machen kann und dafür Anerkennung erhält.«

Alte Eltern mit einer Demenzerkrankung zu begleiten, ist schwer. Viele beschreiben, dass sie zusehen, wie ein geliebter Mensch vor den eigenen Augen zerfällt und zu einer unbekannten Person wird. Daneben führt der Autonomie- und Kontrollverlust demenziell erkrankter Eltern zwangsläufig zu *Rollenveränderungen* im praktischen Alltag: Haushalt, Abrechnungen und Schriftverkehr müssen übernommen, Entscheidungen getroffen werden. Im emotionalen Bereich fehlen der gewohnte Austausch und die gegenseitige Stütze.

Die Kommunikation wird durch Doppelbotschaften schwierig: »Hilf mir, ich verstehe die Welt nicht mehr!« und »Nein, nein, ich kann das alles noch allein!«

Es fällt schwer, sich in die Denk- und Verhaltensweisen erkrankter Eltern hineinzuversetzen. Letztendlich fühlen sich in solchen Situationen alle Beteiligten unverstanden und überfordert.

Als pflegende Kinder braucht man im Umgang mit dementen Eltern starke Nerven. Da kognitive Fähigkeiten immer mehr zurückgehen, sind sie häufig konfrontiert z. B. mit unverständlichem, herausforderndem Verhalten: Fremdbeschuldigungen, Abwehr von Hilfsangeboten, wahnhaften Ängsten, Verlust von Impulskontrolle und fehlender Steuerung des Gefühlslebens. Wesensveränderungen sind schwierig zu ertragen, da sie immer auch ein Stück von einem selbst angreifen. Daher ist es wichtig, dass pflegende Kinder auf ihre eigene psychische Gesundheit achten und sich gegebenenfalls auch Hilfe suchen. Es ist ratsam, sich ausführlich über Ursachen und Folgen der Wesensveränderung zu informieren und sich, wenn nötig, professionelle Hilfe zu holen, um Stress zu reduzieren.

Tipps zum Umgang mit demenzerkrankten Eltern:

- Bleiben Sie ruhig und lassen Sie sich nicht auf Vorwürfe ein.
- Denken Sie immer daran, dass viele Verhaltensweisen Ihres demenzkranken Elternteils durch die Krankheit bedingt sind.
- Ziehen Sie professionelle Hilfe eines Psychologen in Betracht, wenn es zu wiederholten verbalen Angriffen oder Aggressionen kommt.
- Nutzen Sie externe Unterstützung durch einen ambulanten Pflegedienst oder eine Alltagsbetreuung, um sich zu entlasten oder Schamgefühlen vorzubeugen.
- Feste Abläufe sind für Betroffene enorm wichtig. Sie geben Sicherheit und Orientierung, zum Beispiel bei Mahlzeiten.
- Gehen Sie unbedingt auf die Gefühle und Bedürfnisse der demenzerkrankten Person ein. Zeigen Sie Verständnis und versuchen Sie herauszufinden, was die Ursache ist, wenn die Person unzufrieden ist.
- Für einen Demenzerkrankten ist es schwierig genug, seine Krankheit zu akzeptieren. Machen Sie ihm daher niemals Vorwürfe, wenn er Fehler gemacht hat.
- Auch Menschen mit Demenz möchten das Gefühl haben, gebraucht zu werden und etwas zu können. Geben Sie lösbare Aufgaben und beschäftigen Sie den Betroffenen.
- Im fortgeschrittenen Stadium einer Demenz fällt es den Betroffenen oft schwer, sich verbal mit ihrer Umwelt auszutauschen. Es wird empfohlen, Musik in die Pflege und Therapie von Demenzerkrankten einzubezie-

hen, da sie oft eine Reise in die Vergangenheit darstellt und vertraute Lieder Erinnerungen aktivieren. Spielen Sie regelmäßig die Lieblingslieder des Demenzerkrankten, um Erinnerungen zu wecken.

Die Kommunikation mit Menschen mit Demenz ist für alle, die in der Pflege tätig sind, oftmals eine Herausforderung, denn es gibt keine Verlässlichkeit auf Verhalten, Sprache und Regeln. Wie gelingt es, ab und an eine Brücke zu dem Menschen zu bauen, der sich verändert?

- Ändern Sie Ihre Kommunikation, reden Sie empathisch und tauchen Sie in die Welt des Erkrankten ein. Sprechen Sie langsam, in kurzen Sätzen und in einfachen Worten. Komplizierte Sätze sind für Menschen mit Demenz oft schwer verständlich. Deshalb möglichst einfache Wörter verwenden und schwierigen Satzbau vermeiden. Halten Sie in Gesprächen Blickkontakt.
- Schaffen Sie durch eine positive Haltung und Geduld eine Atmosphäre, in der sich der Kranke entspannt und sicher fühlt.
- Um Streit zu vermeiden, sollten Angehörige den Pflegebedürftigen nicht korrigieren, auch dann nicht, wenn er auf Behauptungen beharrt, die nachweislich falsch sind.
- Demenzerkrankte sind oft rechthaberisch und bestehen auf ihrer Wahrnehmung. Am besten ist es, nicht zu diskutieren, sondern den erkrankten Angehörigen zu beruhigen und abzulenken. Wechseln Sie das Thema, um ihn auf andere Gedanken zu bringen.

5.3 Als Sohn im Rollenkonflikt mit einem demenzerkrankten Vater

Der Österreicher Arno Geiger hat ein Buch über die Alzheimer-Krankheit seines Vaters geschrieben. Versöhnlich, liebevoll, um Einfühlung bemüht. Kein Wunder, dass Arno Geiger mit seinem Buch über seinen demenzkranken Vater schnell die Bestsellerlisten angeführt hat, denn das Thema ist aktuell. Immer mehr Ratlose und Verzweifelte suchen Orientierung und Trost, weil sie miterleben mussten oder müssen, wie ein Angehöriger vor ihren Augen durch Alzheimer oder andere Formen von Altersdemenz bei lebendigem Leib erlischt.

Für diese Suchenden ist Geigers »Der alte König in seinem Exil«[11] eine verlockende Adresse. Der österreichische Autor (Jahrgang 68) breitet die Krankheitsgeschichte von August Geiger in höchst versöhnlicher Weise aus. Den Vater ernennt er im Buchtitel zum König, und für die Angehörigen sieht der Sohn nach über zehn Jahren Krankheit und Pflege Gewinn.

»Der alte König in seinem Exil« ist die Geschichte eines verlorenen Sohnes, der nach Hause kommt, als der Vater dabei ist, seine Identität zu verlieren. Denn der Vater hat Alzheimer. Seit mehr als zehn Jahren kümmert sich Arno Geiger um seinen Vater. Seit sechs Jahren schreibt er darüber. Für den Autor bedeutete dies nicht nur, reflektierend mit der schwierigen Situation umzugehen, sondern auch, zum Vater eine neue Beziehung aufzubauen.

Arno Geiger hat gelernt, zuzuhören und sich in die Wahrnehmung des Kranken einzufühlen. Sein in einer bewusst schlichten Sprache gehaltenes Buch ist eine Liebeserklärung an einen Menschen, der nicht mehr im konventionellen Sinne funktioniert, der aber Charakter zeigt, Gefühle und ein neues, kreatives Sprachvermögen.

Mit seinem berührenden Buch dringt Arno Geiger mit liebevoller Zuwendung in das Exil seines Vaters ein und versucht, die Welt zu verstehen, in der sich der Kranke befindet, seine Sichtweise nachzuvollziehen, seine Gefühle zu erahnen. »Der alte König in seinem Exil« ist natürlich auch eine Vater-Sohn-Geschichte und erzählt von Zerwürfnissen, die den Sohn jahrelang vom Vater entfremdet haben. Der verlorene Sohn hat aber die Liebe zu seinem Vater wiedergefunden. Dieser aber erkennt ihn nicht mehr. Auf die Frage: »Papa, weißt du überhaupt, wer ich bin?«, gibt August Geiger zur Antwort: »Als ob das so interessant wäre.« Aber das scheint der Sohn nicht persönlich zu nehmen.

Arno Geiger wollte mit seinem Buch auch erreichen, dass unsere Gesellschaft einen neuen Blick auf die Demenzerkrankten richtet und sie als komplexe und nicht bloß als reduzierte Persönlichkeiten wahrnimmt. Der Umgang mit Dementen ist oft von Angst geprägt, selbst auch diesen Kontrollverlust zu erleiden. So bringt man bestenfalls Mitleid auf, wendet sich aber oft ab. Das löst auch bei den Betroffenen, die ja merken, dass sie nicht richtig funktionieren, ein Unbehagen aus. Im Falle seines Vaters August Geiger hat der Autor bereits ein Umdenken erreicht.

Auch der Journalist und Buchautor Tilmann Jens hat ein bewegendes Buch über seinen Vater Walter Jens geschrieben, über das Vater-Sohn-Verhältnis, aber auch über Auslöser und Auswirkungen einer grausamen Krankheit: »Demenz: Abschied von meinem Vater.«[12]

Das allmähliche Vergessen begann im Jahr 2004, nur wenige Wochen nachdem in den Medien ausführlich diskutiert wurde, dass Walter Jens 1942 Mitglied der NSDAP gewesen ist. Tilman Jens unterstellte, sein Vater habe sich in die Krankheit geflüchtet, weil er sein Verschweigen der jugendlichen NSDAP-Mitgliedschaft habe vergessen wollen. Dennoch ist »Demenz. Abschied von meinem Vater« Jens' bedeutendste Arbeit geworden, keine Denunziation, sondern ein Bekenntnis- und Erkenntnisbuch. »Mir ist die Sprache gestorben«, zitiert er den schwindenden Vater und berichtet mit journalistischer Präzision über gestammelte Erklärungsversuche, leere Gesten, volle Windeln. Für den Sohn war der Vater ein Fremder. Trotzdem ist Jens' Buch die Chronik eines Abschieds des Sohnes vom geliebten und bewunderten Vater. Schmerzhaft konkret erzählt er von der Entdeckung eines ganz anderen, hilflosen Menschen, von der Grausamkeit der Krankheit, von einem quälend langen Weg in die letzte Stufe des Dämmerns. Er zeichnet die Stationen dieses Abschieds nach und erzählt von einem Lebensende, das so gänzlich anders verläuft, als es seinem Vater, dem »Virtuosen des Wortes«, vorbestimmt schien. »Mein Vater weiß heute nicht mehr, wer er ist. Sein Gedächtnis ist taub, seine Sprache versiegt, seine Blicke sind hohl und verloren. Meine Mutter, mein Bruder und ich sind uns einig: Wir wollen, wir werden sein Leid nicht verstecken.«

5.4 Als Tochter im Rollenkonflikt mit einer demenzerkrankten Mutter

Für die meisten Töchter ist klar, dass sie sich selbstverständlich um ihre demenzerkrankten Mütter kümmern werden. Durch die Betreuung und Pflege geraten sie jedoch fast immer in Rollenkonflikte, zum Beispiel als Tochter Entscheidungen für die nun demenzkranke Mutter treffen zu müssen. Besonders belastend in der Betreuung Demenzkranker ist das oft unverständliche Verhalten der Betroffenen sowie die Sorge um sie wegen selbstgefährdenden Verhaltens, denn mit dem Verstand geht ihre Persönlichkeit verloren.

Heike, 53:
»Als ich meine alte Mutter im schmutzigen Pyjama im vermüllten, verdunkelten Schlafzimmer fand, wurde mir klar, dass ich ab heute für sie Entscheidungen treffen musste. Als wir vor drei Jahren die Diagnose Alzheimer bekamen, war für mich klar, dass ich mich um meine Mutter kümmern werde und dass ich sie nie in eine Pflegeeinrichtung weggeben werde. Ich bin da, aber doch irgendwie nur Zuschauerin in dem miesen Spiel dieser Krankheit, die meiner Mutter ihre Würde nimmt und mich im Rollenwechsel überfordert. Früher traf meine Mutter die Entscheidungen für mich. Schwierig ist es für mich, erleben zu müssen, dass meine Mutter durch ihre Krankheit zum Kind wird und ich gezwungen werde, mit ihr die Rollen zu tauschen und zur Mutter meiner Mutter zu werden.«

Niemand prägt uns so wie unsere Mutter. Manchmal ist die Beziehung konfliktreich, idealerweise liebevoll und innig. Aber was, wenn die eigene Mutter an Demenz erkrankt, langsam ihre Erinnerung verliert und die Tochter nicht mehr erkennen kann?

Ich erfahre immer wieder von pflegenden Töchtern, die sich im Rollentausch befinden, dass sie über lange Zeit nicht wahrhaben wollen, was sie erleben, und versuchen, sich zumindest anfangs Ausfälle schönzureden. Im weiteren Verlauf einer Demenz kommt aber der Punkt, sich mit der Realität und auch der Wahrheit auseinandersetzen zu müssen. Das ist nicht immer leicht und oft wirklich schmerzhaft.

Was, wenn die eigene Mutter an Demenz erkrankt? Die junge Magdeburger Filmemacherin Roxana Hennig hat zwei Töchter begleitet, die genau vor dieser Frage standen. Sie entscheiden sich dafür, ihre Mütter durch die Krankheit zu begleiten.

Was das bedeutet, wie und ob sie das durchhalten, zeigt die Reportage »Demenz: Der lange Abschied. Zwei Töchter und ihre Mütter.«

Die Diagnose Alzheimer bekam Peggys Mutter Kerstin Elfmann mit 55 Jahren. Sie war früher eine sportliche und lebhafte Frau gewesen. Peggy, ihre Tochter, lebt mit ihren drei Töchtern in München und arbeitet als freie Journalistin und Autorin. Schreibend versucht sie, sich klar zu werden über diese andere Welt, in der ihre Mutter jetzt lebt.

Dass ihre Mutter Kerstin Elfmann noch zu Hause leben kann, ist möglich, weil sich ihr Mann um sie kümmert. Seit 40 Jahren sind die beiden verheiratet. So oft sie kann, reist Peggy zu ihren Eltern zurück in ihre Heimat. Sie möchte ihre Mutter durch die Krankheit begleiten, was ihr viel abverlangt, denn ihre Mutter erkennt sie nicht mehr und kann auch nicht mehr mit ihr sprechen.

Als Peggy die Diagnose ihrer Mutter erfuhr, konnte sie kaum mit jemandem darüber sprechen. Inzwischen hat sie Wege gefunden, ihre Erfahrungen zu teilen, in ihrem Blog »Alzheimer und Wir« und in den Büchern »Mamas Alzheimer und wir«[13] und »Demenz. Verstehen und achtsam begleiten«[14].

Sie stellte fest, wie befreiend die Möglichkeit zum Austausch sei. Meist seien es Frauen, die ihr schrieben, denn gerade Töchter fühlten sich verpflichtet, die Pflege der Eltern zu stemmen, um sich später nichts vorwerfen zu müssen.

Die zweite Protagonistin der Reportage ist Sonja Traxel. Ihr Vater ist früh gestorben und dadurch hat sie ein besonders enges Verhältnis zu ihrer Mutter Vreni Herlan. Ihre Mutter Vreni erlitt damals einen Schlaganfall. Eine vaskuläre Demenz wurde festgestellt. Sonja nimmt sich bewusst Zeit, um sich über den »Abschied auf Raten« von ihrer Mutter klar zu werden, schreibt Erinnerungen auf und merkt so, was sie von ihrer Mutter übernommen und was sie ihr weitergegeben hat: »Ich bin dafür dankbar, aber ich weiß, dass sie so, wie sie war, nicht mehr da ist.« Trotzdem versucht sie unermüdlich, die Nähe zu ihrer Mutter aufrechtzuerhalten, sie zu unterstützen und so ein vertrautes Gefühl inmitten der Orientierungslosigkeit zu geben. Sie weiß, dass es der Wunsch der Mutter ist, so lange wie möglich zu Hause zu leben. Um das zu ermöglichen, hat sie ihren Arbeitsplatz gewechselt, um öfter bei der Mutter sein zu können. Am Ende aber muss sie sich eingestehen, dass sie an ihre Grenzen stößt und meldet die Mutter in einem Pflegeheim an: »Man muss dringend versuchen, solche Entscheidungen nicht als persönliches Versagen zu begreifen. Das fällt mir aber schwer.« Alle zwei Tage kommt sie nun, um ihre Mutter zu besuchen.

Auch Sonja Traxel gibt inzwischen ihre Erfahrungen weiter. Wie wichtig solche Netzwerke sind, betont auch die 2020 von der Bundesregierung ausgerufene Nationale Demenzstrategie, die regional und lokal Betreuung und Teilhabe verbessern helfen soll.[15]

6. Überforderung, Übergriffe und ein permanent schlechtes Gewissen

Zwischen Pflegenden und Pflegebedürftigen besteht ein ganz besonderes Verhältnis, das nicht immer leicht ist. Für Pflegebedürftige ist es oft schwer, sich damit zu arrangieren, auf Hilfe angewiesen zu sein. Für Pflegende kann die Situation in Überforderung umschlagen, wenn viel zu viel zu tun ist und keine Zeit für Ruhephasen bleibt. Die überfordernde Gesamtsituation kann dazu führen, dass Pflegende oder Pflegebedürftige aggressiv und übergriffig werden. Die Folge ist meist ein schlechtes Gewissen.

Pflegende Kinder berichten nicht selten von Schuldgefühlen, wenn sie ihren Eltern gegenüber übergriffig waren und die Kontrolle verloren haben. Neben Job, eigener Familie und hilfebedürftigen Eltern kein eigenes Leben mehr zu haben, kann unzufrieden machen. Allein der Wunsch, sich nach langer Pflegezeit einfach mal eine Auszeit zu gönnen, um sich mit Freunden zu treffen, kann bereits Schuldgefühle auslösen.

Auch die Frage, ob die geleistete Pflege wirklich ausreicht und gut genug ist, kann bei zu hoher Anspruchshaltung Ursache von Schuldgefühlen sein sowie das Gefühl, durch den täglichen Zeitdruck nicht genug zu geben. Das kann Selbstvorwürfe und ein schlechtes Gewissen auslösen.

Überforderung führt immer zu Gereiztheit und Aggression und häufig zu Übergriffen. Das ist ein Tabuthema mit vielen Gesichtern und fängt nicht erst beim Schlagen an, sondern meist mit Worten oder Gesten. Nicht immer ist Gewalt böswillig, sondern kann auch versehentlich und unbewusst ausgeübt werden.

Laut Pflegeexperten liegt das Problem »Gewalt in der Pflege« nicht bei sogenannten bösen Angehörigen, sondern in den Strukturen der Pflege. Angehörige, die zuhause ihre Liebsten pflegen, bekämen nur unzureichende Unterstützung. Dabei ist gerade die Überlastung der Familie gewaltfördernd, wofür es viele Gründe gibt: Bei der häuslichen Pflege müssen pflegende Angehörige plötzlich in eine neue Rolle hineinwachsen, obwohl es ihnen an medizinischem oder pflegerischem Fachwissen fehlt. Zudem werden bisherige Beziehungsregeln außer Kraft gesetzt. Hinzu kommt Zeitmangel, wenn man auch noch berufstätig ist. All das führt zu Überlastung und Frustration.

Die häufigste Form von Gewalt in der Pflege ist psychische, verbale Gewalt: anschreien, herumkommandieren oder ignorieren. Als Gewalt gelten darüber hinaus freiheitsentziehende Maßnahmen wie das Anschnallen im Rollstuhl oder im Bett, oder die Verabreichung von Beruhigungsmitteln, aber auch Vernachlässigung bei der Pflege oder finanzieller Missbrauch.

Eine Seminarteilnehmerin erzählt:

»Meine Nachbarin Marianne ist 76 Jahre alt und an Parkinson erkrankt. Sie wird zu Hause von ihrer Tochter gepflegt. Irgendwann fiel mir auf, dass Marianne immer seltener auf dem Balkon erschien und wenn, dann wirkte sie oft traurig und deprimiert. Bei einem zufälligen Treffen im Treppenhaus mit Mariannes Tochter habe ich meine Beobachtung angesprochen. Als sie daraufhin gereizt reagierte, wurde ich misstrauisch und entschied mich dazu, ein direktes Gespräch mit Marianne zu suchen. Bei meinem Besuch bemerkte ich, dass Marianne blaue Flecken am Handgelenk hatte. Daraufhin habe ich das Sozialamt informiert und meine Beobachtungen mitgeteilt. Ein Sozialarbeiter kam unangekündigt vorbei und stellte fest, dass Marianne Anzeichen

von Vernachlässigung und körperlicher Misshandlung aufwies. Mariannes Tochter wurde das Pflegerecht für ihre Mutter entzogen. Außerdem wurde gegen sie ein Ermittlungsverfahren eingeleitet. Marianne wurde in einer Kurzzeitpflegeeinrichtung untergebracht, bis eine polnische Pflegerin gefunden wurde, um Marianne zu Hause zu pflegen.«

Ob zwischen Marianne und ihrer Tochter ungeklärte Konflikte vorlagen, ist nicht bekannt, obwohl eine häufige Ursache für Gewalt gegen Pflegebedürftige Konflikte in der Familie sein können. Dieser Fall zeigt aber, wie wichtig es ist, auf Anzeichen von Gewalt zu achten und diese ernst zu nehmen. Durch das beherzte Eingreifen der Nachbarin und die schnelle Reaktion des Sozialamts konnte weiteres Leid für Marianne verhindert werden. Das Beispiel zeigt aber auch, dass Gewalt in der Pflege nicht nur in stationären Pflegeeinrichtungen, sondern auch in der häuslichen Pflege durch Familienangehörige oder andere Pflegepersonen vorkommen kann.

Aber nicht nur durch überforderte pflegende Kinder kommt es zu Übergriffen, auch pflegebedürftige Eltern können gewalttätig sein, denn ihre Angst vor Abhängigkeit kann sie aggressiv machen. Für viele Pflegebedürftige ist es kaum erträglich, mit Schwäche und Abhängigkeit konfrontiert zu werden und pflegebedürftig zu sein. Sie, die früher als Familienoberhaupt das familiäre Leben bestimmt haben, benötigen plötzlich Hilfe. Insbesondere intime Pflegeaufgaben werden als Demütigung empfunden und können ihr Selbstbild ins Wanken bringen, während die damit zusammenhängende Unzufriedenheit sich in Aggressionen entladen kann.

Pflegende Kinder entwickeln Scham- und Ohnmachtsgefühle, wenn sie angegangen oder angegriffen werden. Das beruht unter anderem darauf, dass in der Angehörigenpflege eine andere emotionale Bindung herrscht als in der professionellen Pflege. Familiäre Verbindungen basieren auf Zuneigung und Zusammenhalt, weshalb pflegende Kinder ihren Einsatz häufig als selbstverständlich betrachten und dadurch Toleranzgrenzen auf ein Minimum reduziert werden.

Wie kann Gewaltprävention in der Pflege gelingen?

- **Bewusstsein schaffen:** Die Grundvoraussetzung für eine gute Pflege ist eine intakte Beziehung zwischen Pflegenden und Gepflegten. Ist dies nicht gegeben, können Aggressionen und Gewalt in eine Abwärtsspirale führen, in der es keinen Gewinner gibt.
- **Enttabuisierung des Themas »Gewalt in der Pflege«:** Vertrauen Sie sich Selbsthilfegruppen für pflegende Angehörige an, in denen ganz offen über derartige Probleme gesprochen werden kann. Andere haben vielleicht ähnliche Erfahrungen gemacht und können wertvolle Tipps geben.
- **Offene und wertschätzende Kommunikation:** Eine offene und wertschätzende Kommunikation ist entscheidend, um eine gewaltfreie Pflege zu ermöglichen. Notfalls muss über professionelle Pflege in einer Altenpflegeeinrichtung nachgedacht werden.

VI. Was kann Eltern und Kindern in der Phase der Rollenumkehr helfen?

1. Was kann alten Eltern helfen?

1.1 Rechtzeitig wichtige Fragen klären und Vollmachten erteilen

Wenn die eigenen Eltern altern, ist es an der Zeit, über Dinge zu sprechen, die bisher tabu waren, denn wenn beispielsweise ein *Pflegefall* eintritt, ist es wichtig zu wissen, wer in einem solchen Fall die Entscheidungen treffen soll, welches Verhalten sich die Eltern wünschen und wie es weitergehen soll.

Mit dem fortschreitenden Autonomieverlust der Eltern ist irgendwann der Zeitpunkt erreicht, um zu überprüfen, ob die Eltern bereits eine Vorsorge in Form von Vollmachten getroffen haben. Experten raten, sich ab dem 60. Lebensjahr langsam mit dem Thema auseinanderzusetzen - schließlich kann immer etwas passieren.

Nach dem Umfang und Inhalt der Bevollmächtigung werden folgende Formen der Vollmacht unterschieden:

- Bankvollmacht
- Patientenverfügung
- Vorsorgevollmacht
- Betreuungsverfügung
- Generalvollmacht
- Testament
- Letztwillige Verfügung & Vollmacht über den Tod hinaus (transmortale Vollmacht)

Die **Bankvollmacht** ermöglicht es dem Bevollmächtigten, im Namen des Vollmachtgebers Bankgeschäfte vorzunehmen.

Mit einer **Vorsorgevollmacht** werden eine oder mehrere Personen des Vertrauens zu Vertretern in persönlichen Angelegenheiten ernannt. Die Befugnisse definiert der Verfasser der Vollmacht. Er kann einen Vertrauten beispielsweise mit der Regelung finanzieller Angelegenheiten beauftragen oder zu seinem Fürsprecher in medizinischen Fragen machen. Damit kann die Vollmacht eine Patientenverfügung absichern.

Lebensverlängernde Maßnahmen, künstliche Ernährung, riskante Operationen - grundsätzlich bedürfen medizinische Behandlungen der Zustimmung des Patienten. In einer **Patientenverfügung** können für den Fall, dass man sich nicht äußern kann, Anweisungen für die Ärzte festgelegt werden.

Wer aufgrund von psychischer Krankheit oder Behinderung nicht mehr in der Lage ist, seine Angelegenheiten selbstständig zu regeln, erhält vom Vormundschaftsgericht einen oder mehrere gesetzliche Vertreter, die im Amtsdeutsch »Betreuer« genannt werden. Mit einer **Betreuungsverfügung** kann vorsorglich auf die Wahl dieser Personen Einfluss genommen und die gerichtliche Bestellung eines fremden Betreuers vermieden werden.

Kinder können eine Betreuung annehmen oder sie ablehnen. Wenn sie die Betreuung übernehmen, gelten sie als »gesetzliche Betreuer«. Eine solche Entscheidung sollte gut überlegt sein, denn damit ist eine große Verantwortung verbunden. Voraussetzung ist ein wirklich gutes Verhältnis zu den Eltern, denn durch die Pflichten als gesetzlicher Betreuer entsteht mehr Nähe, die man auch aushalten muss. Ebenso wichtig ist ein gutes Verhältnis zu den Geschwistern, damit es kein Misstrauen gibt. Außerdem sind persönliche Belastbarkeit und die Fähigkeit, Aufgaben zu koordinieren, wichtig, denn der organisatorische Aufwand ist nicht zu unterschätzen.

Soll eine einzige Person mit allen Aufgaben betraut werden, die sonst in Patientenverfügung, Betreuungsverfügung und Vorsorgevollmacht getrennt sind, so kann eine **Generalvollmacht** erteilt werden. Sie ist die umfangreichste Möglichkeit der Erteilung einer Vollmacht und besteht aus der Summe mehrerer Spezialvollmachten.

Eine Vollmacht, die zu Lebzeiten des Vollmachtgebers und danach wirken soll, ist eine **Verfügung & Vollmacht über den Tod hinaus** (transmortale Vollmacht).

Hat der zukünftige Erblasser seinem Erben (oder einem Dritten) beispielsweise eine über den Tod hinaus geltende Generalvollmacht erteilt, dann braucht der Erbe (oder Dritte) nach dem Eintritt des Erbfalls gegenüber Banken kein Testament und keinen Erbschein vorzulegen. Solange die Vollmacht gilt und nicht widerrufen wurde, kann sich der Bevollmächtigte unter Vorlage der Vollmacht an die kontoführende Bank wenden und über Bankguthaben des Erblassers verfügen.

Alle Formen der Vollmacht bedürfen der Schriftform. Mit der erteilten Vollmacht erwerben Sie das Recht, im Namen und im Interesse Ihrer hilfebedürftigen Eltern zu handeln.

Das Thema *Vollmachten* anzusprechen, ist für die meisten Kinder schwierig. Viele Eltern haben Probleme, sich damit abzufinden, dass nach und nach Einschränkungen kommen werden. Deshalb ist es wichtig, verständnisvoll zu agieren und keinen Zwang auszuüben. Das Gespräch selbst sollte in einer unbelasteten Situation stattfinden, so dass keine negativen Gefühle mit einfließen. Vielleicht kann es helfen, sich zusammen damit auseinanderzusetzen, welche Maßnahmen sinnvoll sind und im gleichen Zug selbst alle möglichen Dokumente auszufüllen. Wer Geschwister hat, sollte untereinander klären, wer welche Dinge in Zukunft übernehmen kann.

Wichtig ist auch die Klärung offizieller Angelegenheiten, z. B. Bankgeschäfte, Verträge, die Kündigung des Telefonanschlusses oder alles, was unnötig ins Geld geht. All das kann mit einer *Vorsorgevollmacht* abgedeckt werden. Das Dokument sorgt dann dafür, dass der Bevollmächtigte alles für den Aussteller regeln kann und dieser keine unnötigen Steine in den Weg gelegt bekommt. Besonders deswegen gilt es aber, die Vollmacht rechtlich unanfechtbar zu machen und von einem Notar oder Rechtsanwalt beglaubigen zu lassen. Das verhindert eine spätere Anzweifelung des Dokuments.

Ebenfalls sinnvoll ist die Erstellung einer *Patientenverfügung*, die regelt, wie im Ernstfall vorgegangen werden soll. Mit einer Patientenverfügung, die genaue Anweisungen enthält, werden die Angehörigen von schweren Entscheidungen entbunden, werden Abläufe vereinfacht und sichergestellt, dass alles nach dem Willen der Eltern geht. Die Patientenverfügung beinhaltet nicht grundsätzlich die Vorsorgevollmacht und sollte deshalb nicht damit verwechselt werden. Man kann aber beides miteinander kombinieren.

Zentraler Aspekt bei der Erstellung einer Patientenverfügung ist ihre Eindeutigkeit: Eine Patientenverfügung muss dem Stresstest standhalten, wenn Uneinigkeit herrscht zwischen Familienangehörigen und Ärzten und die alten Eltern selbst nicht mehr bestimmen können. Es ist daher wichtig, keine Auslegungsfragen oder Widersprüche im Dokument zuzulassen. Es geht darum, mit einer Patientenverfügung Ärzten und Pflegepersonal eine klare Handlungsanweisung zu geben, sei es für den Sterbeprozess oder zum Beispiel für die Gabe von Schmerzmitteln in einer Dosierung, die eigentlich nicht gesund ist und als Nebenwirkung sogar das Leben verkürzen kann.

Kinder sollten darauf achten, dass ihre Eltern wichtige Unterlagen zusammenstellen. Wenn Kinder ihre Eltern rechtzeitig bei der Erstellung von Vollmachten unterstützen, kann damit sichergestellt werden, dass sie die Wünsche ihrer Eltern kennen. Gemeinsam kann dann auch ein Ordner angelegt werden, in dem alle wichtigen Dokumente platziert und Zugangsdaten, bzw. Passwörter notiert sind, so dass im Ernstfall nichts vergessen wird. Es ist dabei besonders wichtig, dass klar darüber gesprochen wird, dass es sich um eine *Risikoabsicherung* handelt, so dass sich niemand angegriffen fühlt. Die Kinder könnten sich auch solidarisch zeigen und gleichzeitig mit ihren Eltern diese Unterlagen für sich selbst ausfüllen. So sind auch sie im Risiko-Fall abgesichert.

Wichtig ist bei diesem sensiblen Thema, dass bei den Eltern nicht das Gefühl der Bevormundung aufkommt. Schließlich geht es beim Erstellen der Dokumente um deren eigenen Willen in einer Notsituation. Sie ermächtigen die Kinder, zu handeln, wenn es ihnen selbst nicht mehr möglich ist.

Und wie lässt sich über tabuisierte Themen reden?

Neben Gesprächen über etwaige Pflege sind Gespräche über den Tod tabuisiert. Sich vorzustellen, dass Mama und Papa irgendwann sterben, ist nicht leicht. Umso größer ist dann die Betroffenheit, wenn es einen unvorhergesehenen Todesfall gibt oder eine schwere Krankheit eintritt. Von einem Tag auf den nächsten müssen sich Angehörige mit Themen auseinandersetzen, über die sie sich noch nie Gedanken gemacht haben: Gibt es ein Testament? Eine Patientenverfügung? Wie soll die Beerdigung ablaufen?

All diese Fragen sollten zu Lebzeiten geklärt werden.

Diese Fragen sollten Kinder ihren Eltern stellen:

- Wie und wo möchtest du leben, wenn du nicht mehr allein leben kannst?
- Willst du, dass deine Familie noch an deiner Seite ist, oder willst du allein sterben?
- Weißt du schon, wie du bestattet werden möchtest und wo deine letzte Ruhestätte sein soll?

- Wie soll die Beerdigung gestaltet werden, kirchlich oder mit freiem Trauerredner? Wie stellst du dir den Rahmen vor, Lieder, Instrumentalmusik, Gebete, Texte? Wer soll dabei sein, der kleinste Kreis der Familie oder Freunde und Wegbegleiter?
- Gibt es etwas, das du mit mir gemeinsam noch erleben willst?
- Gibt es ein Testament? Wenn ja, wo liegt es?
- Es ist für Kinder schwer, über eine mögliche Pflegebedürftigkeit der Eltern zu reden.

Den heute pflegebedürftigen alten Menschen, die in ihrem bisherigen Leben sämtliche Krisen gemeistert haben, fällt es häufig sehr schwer, sich den Verlust ihrer Alltagskompetenzen einzugestehen und Hilfe von außen anzunehmen.

»Das schaffen wir allein« ist die Grundhaltung derjenigen, die ihr bisheriges Leben autark geführt haben. Schon Arztbesuche zögern manche ja möglichst lange hinaus. Und wie viel Überredungskunst ist manchmal nötig, damit zum Beispiel eine Haushaltshilfe engagiert wird.

1.2 Den Verlust der Autonomie anerkennen und betrauern

Häufig merken die Töchter und Söhne erst spät, dass ihre Eltern Hilfe benötigen. Aus Angst, ihre Autonomie zu verlieren und abhängig zu werden, lassen diese sich nichts anmerken. Im Kompensieren und Kaschieren von Defiziten können sie eine wahre Meisterschaft entwickeln.

Der Verlust der Autonomie ist für alte Eltern schambehaftet und deshalb fällt es ihnen auch so schwer, die Realität des Nachlassens der einstigen Fähigkeiten auf allen Gebieten anzuerkennen. Scham ist ein Gefühl, das wohl die meisten Menschen als sehr unangenehm empfinden. Dennoch ist es wichtig, die neue Realität anzunehmen und den Verlust der Autonomie zu betrauern. Viele Kinder kennen das von ihren alten Eltern: Wenn diese merken, dass sie etwas nicht mehr können, was sie ein Leben lang beherrscht haben, verunsichert es sie. Die Eltern schämen sich und möchten ihre Scham verbergen, denn sie könnte von anderen als Schwäche angesehen werden.

Schamgefühle entstehen, wenn man sich herabgewürdigt oder missverstanden, in Verlegenheit gebracht oder bei etwas ertappt fühlt. Warum das gerade in bestimmten Situationen geschieht, kann ganz unterschiedliche Ursachen haben, zum Beispiel die eigene Erziehung, die prägenden Werte, eine verletzende Erfahrung oder das Bild, das man von sich selbst oder seinem Gegenüber hat.

Vielfach stehen Schamgefühle im Zusammenhang mit sogenannten Tabuthemen. Das sind Themen, für die die allgemeinen Regeln gelten:

- »Darüber spricht man nicht«
- »Das tut man nicht«

Herausfordernd kann es auch sein, dass die alten Eltern in der Regel nicht darin geübt sind, um Hilfe zu bitten oder Hilfe anzunehmen. Manche Eltern lassen keine Hilfe zu, obwohl es »ohne« gar nicht mehr geht. Andere tendieren dazu, ihre Forderungen deutlich zu überziehen, rufen ständig an und wollen den

Zeitpunkt bestimmen, an dem die Kinder ihre Wünsche ausführen sollen. Das bedarf des Redens und der Geduld.

Wie können Sie Ihren alten Eltern helfen, mit deren Autonomieverlust umzugehen?

- Zeigen Sie Verständnis für Stimmungsschwankungen Ihrer Eltern. Sich mit Verlusten abzufinden, hat immer mit Trauer zu tun.
- Vermitteln Sie Ihren Eltern das Gefühl, dass Sie sie so annehmen und lieben, wie sie sind und dass Sie gern für sie sorgen.
- Versuchen Sie, Rituale beizubehalten. Das kann beispielsweise das gemeinsame Fernsehen, Spielen oder Lesen sein.
- Unterstützen Sie Ihre alten Eltern dabei, eigene Interessen so gut wie möglich weiterzuverfolgen, wie Musik hören oder Besuch empfangen.

1.3 Empathie, Verständnis und Wertschätzung der Kinder

Wegen des zunehmenden Autonomieverlustes brauchen Eltern das Verständnis und die Wertschätzung ihrer Kinder, um diese Verunsicherung kompensieren zu können. Leider empfinden Kinder oft erst Wertschätzung für ihre Eltern, wenn sie nicht mehr da sind, und das Fatale daran ist, dass sie ihnen dann nicht mehr sagen können, was sie ihnen bedeuten und was sie ihnen verdanken.

Verständnis zu haben für vergessliche Eltern, die mit alltäglichen Anforderungen immer stärker überfordert sind, ist wichtig für deren Selbstwertgefühl.

Trotz aller Kompetenzverluste ist ein wertschätzender Umgang mit den alten Eltern wichtig, die trotz mancher Defizite das Bedürfnis nach Wertschätzung und Respekt haben, schöne Dinge erleben und ihre Würde bewahren möchten. Eine respektvolle, mitfühlende Grundhaltung pflegender Kinder lässt Eltern spüren, dass sie akzeptiert, geliebt und verstanden werden. Für eine gute Begleitung ist es wichtig, die Perspektive der alten Eltern einzunehmen und in ihre Erlebniswelt einzutauchen. Man muss alte Eltern so annehmen, wie sie sind, und versuchen, Vertrauen zu bilden, indem man ihnen Geborgenheit und Sicherheit vermittelt. Konkret bedeutet das, mit und nicht über den Kopf Ihrer Eltern hinweg zu entscheiden. Kinder sollten die Kommunikation mit ihren Eltern umstellen und fragen: »Möchtest du …?« statt »Wir machen jetzt …«. Dadurch entstehen Vertrautheit, Wertschätzung, Freiheit, Verständnis, Würde und Respekt.

Die Tage, die mir noch bleiben...

Selig, die Verständnis zeigen für meinen stolpernden Fuß
und meine lähmende Hand.
Selig, die begreifen, dass mein Ohr sich anstrengen muss,
um aufzunehmen, was man zu mir spricht.
Selig, die wissen, dass meine Augen trüb und meine Gedanken träge sind.
Selig, die mit freundlichem Lachen verweilen, um ein wenig mit mir zu plaudern.

Selig, die niemals sagen: »Das haben Sie mir heute schon zweimal erzählt.«
Selig, die verstehen, Erinnerungen an frühere Zeiten in mir wachzurufen.
Selig, die mich erfahren lassen, dass ich geliebt, geachtet und nicht allein
gelassen bin.
Selig, die mir in ihrer Güte die Tage, die mir noch bleiben, erleichtern
(Aus Afrika)

1.4 Loslassen der Vergangenheit und Akzeptanz der Gegenwart

Die Eltern, die immer vital und fit waren, verlieren mehr und mehr die Kontrolle über ihr Leben. Mama vernachlässigt ihre Hygiene, Papa fährt trotz Rotlichts an der Ampel los. Das altersbedingte Nachlassen der Sinnesleistungen führt dazu, dass die Eltern Schmutz und unangenehme Gerüche nicht mehr wahrnehmen und Gefahren zu spät oder gar nicht erkennen. Briefe von Behörden und der Bank sowie neue Technologien überfordern sie. Sie vergessen, den Herd abzuschalten, und verlieren ihre Schlüssel. Kleinste Störungen des Tagesrhythmus bringen sie aus dem Gleichgewicht. Gleichzeitig kann es passieren, dass sie gekränkt oder aggressiv angebotene Unterstützung ablehnen.

Vielen alten Eltern fällt es schwer, sich des Nachlassens ihrer geistigen und körperlichen Fähigkeiten bewusst zu werden und dies einzugestehen. Es schmerzt sie, ihren Kindern zur Last zu fallen, oder sie wehren sich innerlich gegen den körperlichen und geistigen Abbau. Sie wollen weiterhin Auto fahren, obwohl ihr Reaktionsvermögen verlangsamt und ihre Sehschärfe geschwächt sind. Lieber fragen sie x-mal nach, als sich für ein Hörgerät zu entscheiden. Statt den Rollator zu nutzen, nehmen sie einen Sturz in Kauf. Die angebotene Unterstützung lehnen sie vehement ab.

Von außen betrachtet kann man verstehen, dass es den Eltern schwerfällt, immer mehr Abstriche in ihrer Bewegungsfreiheit machen zu müssen. Niemand will gerne hilfsbedürftig sein und Kontrolle abgeben. Es ist natürlich, dass man das, was man ein Leben lang gewohnt war und was Sicherheit gab, nicht aufgeben, sondern bis ans Ende seiner Tage fortführen möchte.

In dieser Phase müssen sowohl die Eltern als auch die Kinder lernen, Abschied von dem zu nehmen, was war, und sich darauf einzustellen, was ist. Das ist für beide Seiten schmerzhaft. Kinder müssen lernen, ihre alten Eltern nicht an dem zu messen, was sie ein Leben lang waren, sondern Abschied von der Vergangenheit zu nehmen und sie so zu akzeptieren, wie sie jetzt sind – bedürftig. Alte Eltern müssen Abschied nehmen von einem unabhängigen, autonomen Leben, sich in ihr Schicksal fügen und akzeptieren, dass sie Unterstützung brauchen.

Abschied von der Vergangenheit, von einem selbstbestimmten Leben und einem Lebensumfeld, das man sich selbst geschaffen hat, zu nehmen, löst Trauer aus. Sie spüren sehr deutlich die Verluste auf allen Ebenen: Partner/innen und Freunde sterben, das Augenlicht verlischt, die Orientierung versagt. Es geht aber nicht nur um den Verlust langjähriger Freunde und Weggefährten, sondern auch um den Verlust körperlicher Fähigkeiten und Fertigkeiten. Deshalb sollten Kinder sehr sensibel mit ihren bedürftigen Eltern in dieser verlustreichen Phase umgehen, weil sie durch den Verlust ihres früheren Lebens verunsichert und emotional besonders empfindlich sind. Aber auch Kinder müssen Abschied von der Vergangenheit nehmen, denn auch für sie endet mit der Hilfebedürftigkeit der Eltern ihre unbeschwerte Kindheit. Auch sie müssen lernen, die Gegenwart und ihre neue Rolle anzunehmen.

Was Kinder in dieser Situation in jedem Fall brauchen, damit ihre Eltern die Gegenwart akzeptieren können, ist Fingerspitzengefühl. Es gilt abzuwägen: Was braucht mein Vater, meine Mutter? Wo muss ich sie unterstützen? Was darf ich ihnen auf keinen Fall abnehmen? Wichtig ist auch, keine einsamen Entscheidungen zu treffen und die Betroffenen vor vollendete Tatsachen zu stellen. Das wird in den meisten Fällen Widerstand und Konflikte auslösen.

Damit es Ihren Eltern leichter fällt, die Vergangenheit loszulassen und die Gegenwart zu akzeptieren, schaffen Sie schöne Erinnerungen und Momente der Geborgenheit und des Wohlfühlens. Dazu müssen Sie nicht die Sterne vom Himmel holen, oft sind es die kleinen Dinge, die zu einem unvergesslichen Erlebnis werden. Für alte Eltern kann es großes Glück bedeuten, eine Familie zu haben, auf die sie sich verlassen können. Fragen Sie Ihre Eltern nach deren Herzenswünschen, die Sie ihnen erfüllen können.

2. Was kann pflegenden Kindern helfen? - Überlebenstipps für Elternkümmerer

Wenn Rollen sich verändern und man sich schicksalhaft in einer Rolle wiederfindet, die man aus Liebe, Fürsorge, Loyalität oder Pflichtgefühl übernommen hat, befindet man sich in einer schwierigen Anpassungsphase. Die neue Situation muss akzeptiert und der Verlust des bisher Gewohnten betrauert werden. Das gilt für alte Eltern genauso wie für ihre pflegenden Kinder.

Sich als Kind in einer neuen Rolle wiederzufinden, die man sich nicht ausgesucht hat, führt zunächst oft zu Abwehrreaktionen. Viele neue und unbekannte Dinge stürmen auf pflegende Kinder ein, die ihr Leben nachhaltig verändern. Statt gegen eine Rolle anzukämpfen, die man sich nicht ausgesucht hat, ist es besser, sie zu akzeptieren. Das spart Ressourcen.

Um diese Phase mit weitreichenden Veränderungen, die beiderseits zu Rollenkonflikten führen können, zu managen, sind Gelassenheit und Geduld erforderlich. Nur wer es lernt, die irreversible Veränderung zu akzeptieren, kann mit der Unabänderlichkeit der Situation irgendwann Frieden schließen.

2.1 Eltern begleiten, Fallen vermeiden

Was passiert, wenn die Eltern alt und hilfsbedürftig werden? Tritt der Pflegefall ein, bleibt es meist den Familien überlassen, zu klären, wie es weitergeht. Alte Eltern, die durch einen Schlaganfall oder einen Sturz aus ihrem bisherigen Leben gerissen werden, klammern sich meist an ihre Kinder und versuchen nicht selten, im Sinne von Geben und Nehmen, von innerfamiliärer Kontoführung und Gerechtigkeit nun ihre Kinder zu verpflichten. Wer hat für wen im Lebensverlauf was geleistet? Wer schuldet wem was? Das ist eine Falle, der man nur entgehen kann, indem man die Motive hinterfragt, warum man seine Eltern pflegt:

- Moralischer Druck - Pflichtgefühl oder Freiwilligkeit?
- Erwartungen und Forderungen erkennen (eigene oder die der Eltern oder der Familie)
- Sorgen und Schuldgefühle?

Schuldgefühle, aber auch Dankbarkeit, belasten das Verhältnis zwischen alten Eltern und erwachsenen Kindern. Um Klarheit zu gewinnen, sollte man sich bewusst machen, dass die Bindung an die Eltern die einzige Beziehung ist, die wir uns nicht aussuchen können. Aus dieser Tatsache ergibt sich die Frage: »Bin ich meinen Eltern etwas schuldig, weil ich zufällig in diese Familie geraten bin?«
Über dieses Dilemma hat die Schweizer Philosophin Barbara Bleisch ein Buch geschrieben, in dem sie zur Befreiung vom Schuldgefühl gegenüber den eigenen Eltern aufruft: »Warum wir unseren Eltern nichts schulden«.[16]

Die Autorin vertritt die These, dass wir unseren Eltern und uns gleichermaßen schulden, dass wir uns sorgsam umeinander bemühen. Sollte das jedoch keine zufriedenstellenden Ergebnisse zeitigen, so Bleisch, schulden Söhne und Töchter ihren Eltern nur das, was anderen auch zusteht: Respekt. Dieser erweise sich darin, einander nicht unnötig zu verletzen oder Vertrauen zu missbrauchen.

Besonders wichtig dürften für alle jene, die sich mit Schuldgefühlen plagen, die Ausführungen der Autorin zum Thema Schuld sein. Kinder haben nicht darum gebeten, geboren zu werden. Sie können ihren Eltern dankbar für ihr Leben sein, aber sie stehen nicht in deren Schuld, schreibt Bleisch, weil das voraussetzen würde, einen von beiden Seiten bewusst geschlossenen Vertrag einzugehen. Nur Familien, die auf Eigenverantwortung und Freiwilligkeit setzen, könnten das erleben, wonach sich alle sehnen: liebevolle Verbundenheit, die sowohl Halt und Gemeinschaft gewährt als auch Freiheit für Entwicklungs- und Reifeprozesse.

Bleisch geht auch auf die Bewertung der gemeinsamen Vergangenheit ein, die von Eltern und Kindern oft sehr weit auseinanderliegt. Belastende Kindheiten zerstören die Liebe zu Vater und Mutter; sie durch Pflichtgefühle ersetzen zu wollen, führt bloß zu neuem Unglück. Deshalb sei es kontraproduktiv, von erwachsenen Kindern, die sich von ihren Eltern distanziert haben, Dankesschuld oder Pflichterfüllung zu verlangen.

Bleisch fordert pflegende Kinder auf, zu hinterfragen, aus welchen Gründen sie ihre Eltern pflegen. Dadurch werde schnell deutlich: Schuld sei der falsche Begriff. Er führe nicht zum Ziel.

In ihrem sehr persönlichen Buch »Mama, du bleibst bei mir: Vom Glück und Unglück, einen Angehörigen zu pflegen«[17] erzählt Ruth Schneeberger, wie ihre lebenslustige, starke Mutter durch einen Schlaganfall von einem Tag auf den anderen zum Pflegefall wird und wie sie die Entscheidung trifft, ihre Betreuung daheim zu organisieren. Es wird eine Zeit, die alle gängigen Vorstellungen widerlegt. Dass die Mutter noch zehn Jahre leben würde, hätte niemand gedacht. Erst recht nicht, wie schön diese Jahre für beide werden würden. Am allerwenigsten aber hätte Ruth Schneeberger erwartet, welche riesigen Knüppel ihr zwischen die Beine geworfen werden – von Behörden, Ärzten, Pflegern und der Krankenkasse. Dennoch macht sie Angehörigen Mut, das Wagnis der häuslichen Pflege einzugehen, denn in den eigenen vier Wänden dreht sich nichts um den finanziellen Gewinn, sondern alles um die Hauptperson: den Patienten.

Der Journalistin Ruth Schneeberger wurde durch die Pflege ihrer Mutter klar, dass ein Motiv, ihre Mutter freiwillig zu pflegen, eine Frage der Beziehung ist. Sie hat mit ihrer Entscheidung, ihre Mutter bei sich in München aufzunehmen, gegen das komplette Unverständnis ihrer Umgebung gehandelt. Das Ganze sei überhaupt nur möglich gewesen, weil sie selbst keine Kinder hatte, sich hervorragend mit ihrer Mutter verstand und ihr Bruder sie mit Abrechnungen und der Korrespondenz mit Ämtern unterstützte.

Das Wort, das in ihrem Buch nicht vorkommt, ist: Pflicht, geschweige denn Schuld. Schneeberger handelte aus einem inneren Bedürfnis heraus. Nicht ein Gefühl von Schuld, sondern reine menschliche Nähe und auch das Gefühl von Dankbarkeit führten dazu, dass Kinder ihre Eltern selbst pflegen wollen. Es ist ein positives, kein negatives Gefühl. Ohne dieses Gegengewicht wären die Entbehrungen auch wohl kaum zu schultern.

Die Autorin führt aus, dass die Lebensentscheidung, alte Eltern zu pflegen, keiner theoretischen Argumentation folgt und sich auch nicht aus der Geburt ableitet, sondern ein Spiegel der familiären Beziehungen ist. Wer als Kind nur aus Pflichtgefühl handelt, muss scheitern. Man könne niemanden zur Liebe verpflichten.

Kinder alter Eltern müssen sich von gedanklichen Fallen befreien, um selbstbestimmt leben und ihre Eltern gut begleiten zu können:

- von schlechtem Gewissen (»Darf es mir gut gehen, auch wenn es meinen Eltern schlecht geht?«)
- von Schuldgefühlen
- von unausgesprochenen Erwartungen innerhalb der Familie

Sich um die kranken oder alten Eltern zu kümmern, ist für viele eine Herzensangelegenheit, jedoch kann das mit einer hohen Belastung auf unbestimmte Zeit verbunden sein. Eine ehrliche Kommunikation verhindert Stress. Das Problem ist nur, dass viele pflegende Kinder sich nicht trauen, »Nein« zu sagen – selbst wenn der Pflegeaufwand kaum zu stemmen ist. Langfristig birgt das aber enormes Stress- und Konfliktpotenzial.

Pflegende Kinder können in den meisten Fällen nicht einschätzen, was auf sie zukommt und wie groß die Belastung möglicherweise sein kann. Daher ist es wichtig, auch weiterhin in der Kommunikation zu bleiben. Ein Weg, der zuerst eingeschlagen wurde, ist nicht in Stein gemeißelt. Pflegende Kinder dürfen sich aus der Pflege zurückziehen – und sollen es sogar, wenn sie merken, dass sie die benötigte Unterstützung nicht mehr leisten können. Begleiten können sie ihre alten Eltern auch, indem sie Pflege delegieren.

2.2 Empathie für die Situation der Eltern

Pflegebedürftige Eltern erleiden einen Autonomieverlust, müssen ihre Abhängigkeit akzeptieren und den Verlust ihres bisherigen Lebens betrauern. Es fällt ihnen schwer, plötzlich auf Hilfe angewiesen zu sein. Diese neue Realität im Leben der alten Eltern nachzuempfinden, schafft Nähe und Verständnis. Einfühlendes Verstehen trägt zum Wohlbefinden bei und ermöglicht emotionales Mitschwingen. Empathischer Kontakt lässt sich auch durch gedankliche Aufmerksamkeit gegenüber den Äußerungen des Gegenübers, seinem Gesichtsausdruck und seiner Körperhaltung herstellen. Darüber hinaus geht es darum, die

Gefühle und Bedürfnisse des anderen nachzuvollziehen, sich in seine gesamte Lebenssituation hineinzuversetzen, kurz: die Welt mit seinen Augen zu sehen, beziehungsweise in seinen Schuhen zu gehen. Durch diesen Perspektivwechsel ist es Kindern möglich, großzügig mit dem Anderssein der Eltern umzugehen.

Empathie ist keine spontane Regung. Sie bedeutet vor allem *Einfühlungsvermögen* und *Perspektivwechsel*: die Welt aus den Augen anderer sehen und nachempfinden zu können. Es ist eine *Sozialkompetenz*, die wir in sehr jungen Jahren lernen und die es uns ermöglicht, nachzuvollziehen, was im Kopf von anderen vor sich geht.

Empathie bedeutet, sich in die Welt alter Eltern einzufühlen, sie mit ihren Augen wahrzunehmen und in ihren Schuhen zu gehen. Empathie für die Situation alter Eltern entwickelt man, indem man sich bewusst macht, dass sich die Eltern in einer Phase befinden, in der sie eine Kette von Verlusten erleiden, die sie nicht mehr so gut kompensieren können wie früher. Partner und Freunde sterben, und damit und durch diverse Einschränkungen verlieren sie ihr soziales Leben. Hinzu kommen seelische Veränderungen durch lange Jahre Verdrängtes, das ihr Alter beschwert und belastet, zum Beispiel traumatische Kriegs- oder Fluchterfahrungen, die sie immer noch und immer wieder verfolgen. Darüber hinaus ist es kein Geheimnis, dass mit dem Älterwerden nicht nur die Haut dünner und empfindlicher wird und mehr Pflege braucht, sondern die Schutzschicht der Seele ebenfalls dünnhäutiger zu werden scheint.

Verlusterlebnisse werden von alten Eltern grundsätzlich als Krise erlebt, und das kann dazu führen, dass sie ungerecht, böse und verbittert reagieren und ihren Frust an ihren pflegenden

Kindern auslassen, weil sonst niemand da ist. Pflegende Kinder sollten sich bewusst machen, dass ihre alten Eltern abhängig und bedürftig geworden sind und nicht mehr mit dem Maß der Normalität gemessen werden können. Großzügigkeit, Empathie und Nachsicht sind jetzt gefragt.

Einfühlungsvermögen schafft Nähe und Verständnis. Es trägt zum Wohlbefinden des Gegenübers bei – besonders bei Menschen mit Demenz. Alte Eltern mit persönlichkeitsverändernden Erkrankungen (zum Beispiel Demenz) sind auf empathische Verständigungsformen angewiesen, da ihnen im Krankheitsverlauf die Sprache und die rationale Urteilsfähigkeit verloren gehen. Sie sind besonders darauf angewiesen, dass auf ihre Äußerungen einfühlsam eingegangen wird.

Die empathische Kommunikation mit Menschen mit Demenz respektiert deren »Wahrheit«, versetzt sich in die Welt des Erkrankten hinein und nimmt an seinen Gefühlen und Gedanken teil. Im Kontakt mit dem an Demenz Erkrankten geht es darum, seine aktuelle Gemütslage zu erspüren und sich darauf einzustellen: die Stimmung, die Artikulation und die Lautstärke, ebenso die Körperhaltung, den Atemrhythmus und die Mimik. Blickkontakt ist unverzichtbar, das Gespräch ist zugewandt und lässt dem Gegenüber Zeit, zu signalisieren, was er möchte.

In späteren Phasen der Demenz steht oft die nonverbale Kommunikation durch Nähe und Berührung im Vordergrund. Auf diese Weise kann die empathische Beziehung zu dem Erkrankten hergestellt werden, obwohl er kaum noch spricht.

»Der alte Großvater und der Enkel«[18] ist eine moralische Parabel aus den Kinder- und Hausmärchen der Brüder Grimm (KHM 78) und zeigt, dass der Sohn und die Schwiegertochter nicht besonders viel Empathie für den alten Großvater empfinden:

Es war einmal ein steinalter Mann, der trübe Augen, taube Ohren und zittrige Knie hatte. Wenn er am Tisch saß und den Löffel kaum halten konnte, schüttete er Suppe auf das Tischtuch. Sein Sohn und dessen Frau ekelten sich davor, deswegen musste sich der alte Großvater hinter den Ofen in die Ecke setzen, wo er sein Essen aus einer Tonschüssel löffeln musste. Einmal konnten seine zitterigen Hände die Schüssel nicht festhalten, sie fiel zu Boden und zerbrach. Die junge Frau schimpfte, der junge Mann sagte nichts und seufzte nur. Da kauften sie ihm eine hölzerne Schüssel, aus der er nun hinter dem Ofen essen musste. Als sie so dasaßen, trug ihr kleiner vierjähriger Sohn auf der Erde kleine Bretter zusammen.

»Was machst du da?«, fragte der Vater.

»Ich mache eine Schüssel«, antwortete das Kind. »Daraus sollen Vater und Mutter essen, wenn ich groß bin.«

Da sahen sich Mann und Frau eine Weile an, fingen an zu weinen, holten den alten Großvater an den Tisch und ließen ihn von nun an immer mitessen und sagten auch nichts, wenn er ein wenig verschüttete.

Völlig natürlich und kindgerecht ist das Verhalten des Kindes, das bei den Eltern Erlebtes spielerisch nachahmen will. Das Kind lernt am Modell, nimmt seine Eltern als Vorbild wahr und orientiert sich an ihrem Verhalten. Die Eltern wiederum werden durch ihren Sohn zur Selbstreflexion angeregt, und der Großvater erhält seinen Platz am Tisch zurück.

Die Lehre dieses Märchens lautet: »Behandle deine Eltern so, dass deine Kinder daran sehen und lernen können, wie du selbst im Alter einmal von ihnen behandelt werden möchtest.«

2.3 Unterstützung durch die Pflegeberatung

Für pflegende Kinder, die sich in der Phase der Rollenumkehr befinden, ist es hilfreich, Unterstützung durch Information, Beratung und Anleitung zu finden. Sie befinden sich auf neuem Terrain und haben das Recht auf kostenlose, umfassende und unabhängige Pflegeberatung, welche Unterstützung sie in Anspruch nehmen können. Es gibt zahlreiche Stellen, die entlasten und weiterhelfen können, z. B. Pflegestützpunkte, kommunale Seniorenberatungen und Seniorenbüros.

Pflegende Angehörige haben einen Anspruch auf eine *Pflegeberatung*, die eine wichtige Hilfestellung darstellt und meist von der Pflegekasse übernommen wird. Diese Beratung unterstützt nicht nur bei der Antragstellung, sondern auch bei der Organisation der Pflege, Anpassungen bei Veränderungen des Pflegebedarfs, häuslicher Pflege oder externer Unterbringung. Das ist vor allem zu Beginn eine große Entlastung, da den pflegenden Kindern oft die Erfahrung und die organisatorischen sowie emotionalen Bewältigungsstrategien fehlen.

Für die Betreuung, Begleitung und Unterstützung einer pflegebedürftigen Person gibt es eine Vielzahl unterschiedlicher Leistungen der Pflegeversicherung. Meist werden die Anlaufstellen für die Pflegeberatung »Pflegestützpunkt« genannt, oft auch »Seniorenservicebüro« oder »Pflegeberatungsstelle«. Der Name hängt oft von den Betreibern ab, z. B. kirchliche Träger (Diakonie oder Caritas), kommunale oder private Anbieter.

In einem *Pflegestützpunkt* erhalten Sie für Ihre pflegebedürftigen Eltern Informationen über Unterstützungsmöglichkeiten, die Ihnen zustehen, wie Entlastungs- und Hilfsangebote sowie Pflegeleistungen. Ein zertifizierter Pflegeberater schätzt Ihre Situation ein, stellt Ihnen entsprechende Leistungen vor und fertigt einen individuellen Versorgungsplan an. Sie erhalten Informationen über Pflegegrade (früher Pflegestufen), ambulante Pflege, Tages- und Nachtpflege, Kurzzeit- und Verhinderungspflege. Der Pflegestützpunkt berät nämlich nicht nur rund um die Antragstellung, sondern unterstützt bei Organisation der Pflege, Anpassungen bei Veränderungen des Pflegebedarfs, häusliche Pflege oder externe Unterbringung.

Hilfreich ist es sowohl für die pflegebedürftigen Eltern als auch für ihre Kinder, sich über Verfügungen zu verständigen und einen Ordner anzulegen, in dem sich alle wichtigen Dokumente befinden: Testament, Vorsorgevollmacht, Patientenverfügung, Generalvollmacht, Ärzte, Arztberichte und Medikamentenliste. Das erleichtert und sichert den Umgang im Akutfall (z. B. bei Schlaganfall oder Herzinfarkt).

Durch die Pflegebedürftigkeit eines Familienmitgliedes ergeben sich für pflegende Angehörige zusätzlich zur bisherigen Grundbelastung durch Beruf und Alltagsroutine vielfältige Aufgaben, die übernommen werden müssen. Entlastend ist es, Verantwortung auf mehrere Schultern (Geschwister) zu verteilen. Dazu bedarf es Absprachen und Zuverlässigkeit. Falls Einzelkinder sich um ihre alten Eltern kümmern müssen und sich durch ihre eigene Familiensituation, ihren Beruf oder die räumliche Entfernung überfordert fühlen, kann auch ein *Betreuungsverein* eine Option sein.

2.4 Der ökonomische Umgang mit eigenen Ressourcen - Hilfe, Unterstützung und Entlastung durch Delegieren

Ressourcen sind unsere Potenziale und Stärken, mit denen achtsam und ökonomisch umgegangen werden sollte, um Selbstausbeutung zu vermeiden und die Gesundheit zu erhalten.

Der ökonomische Umgang mit den eigenen Ressourcen gelingt am besten, indem man sich als pflegendes Kind bewusst macht, dass die eigenen Kräfte auf unbestimmte Zeit reichen müssen. Deshalb ist es wichtig, mit seiner Energie sorgsam umzugehen und sie sich gut einzuteilen. Dies erfordert Flexibilität und Effektivität, wobei man sich nicht im Detail verliert, sondern die großen Linien im Auge behält. Hilfreich und entlastend ist es, den Tagesablauf zu strukturieren und sich nicht mit unwichtigen Dingen aufzuhalten, die viel Zeit kosten, aber keinen oder nur wenig Ertrag bringen.

Für den ökonomischen Umgang mit den eigenen Ressourcen bedeutet das, sich zu fragen, was wirklich wichtig ist und worauf ohne Qualitätsverlust verzichtet werden kann. Wichtig ist es, sich auf das Wesentliche zu konzentrieren.

Ein ökonomischer Umgang mit den eigenen Ressourcen kann auch bedeuten, Betreuung und Pflege der Eltern ganz oder teilweise zu delegieren. Oft ist das sogar die einzige Option, wenn verantwortliche Kinder in einer anderen Region leben und pflegebedürftige Eltern es ablehnen, in ihre Nähe zu ziehen.

Oft engagieren sich pflegende Kinder so intensiv in ihren neuen Aufgaben, dass sie eigene Bedürfnisse übersehen. Der Stress nimmt zu, besonders dann, wenn wenig Unterstützung von anderen Familienmitgliedern oder Pflegediensten vorhanden ist.

Entlastung und Unterstützung finden Sie beispielsweise durch folgende Angebote:

- eine Haushaltshilfe
- ein Alltagsbegleiter
- eine Einkaufshilfe
- Essen auf Rädern

Diese Dienste können Ihnen viel Arbeit abnehmen und so vielleicht sogar noch die eigene Berufstätigkeit oder zumindest etwas Freizeit ermöglichen.

Oft wehren sich alte Eltern zunächst gegen Veränderungen. Dann kann es sinnvoll sein, sich von professionellen ambulanten Pflegekräften oder vom Hausarzt unterstützen zu lassen, denn diese haben kraft ihres Amtes eine größere Autorität und Durchsetzungskraft.

Machen Sie sich bewusst, dass Sie selbst bei hoher Motivation begrenzte Ressourcen besitzen, die Sie schützen müssen, um vielfältigen Anforderungen auf Jahre gerecht werden zu können. Lernen Sie, Ihre Ressourcen einzuteilen – wie bei einem Marathon – denn die Zeit der Fürsorge und Pflege alter Eltern kann statistisch 8-9 Jahre betragen. Wer über diesen Zeitraum der Mehrfachbelastung gewachsen bleiben will, muss lernen, Aufgaben zu *delegieren, sich abzugrenzen, Selbstfürsorge* zu praktizieren und gut für sich selbst zu sorgen.

2.5 Entlastungsangebote zur Betreuung demenzerkrankter Eltern

Nach wie vor leben die meisten alten Eltern mit Demenz in privaten Haushalten und werden zumeist von ihren Kindern betreut und gepflegt. Dies verlangt von pflegenden Kindern viel Engagement, Verzicht auf Freizeit und die Bereitschaft, gegebenenfalls rund um die Uhr zu begleiten und zu unterstützen. Doch es gilt: »Damit ich gut für den anderen sorgen kann, muss es mir selbst auch gut gehen.« Darum ist es besonders wichtig, etwas für die eigene körperliche Gesundheit und den seelischen Ausgleich zu tun.

Viele pflegende Kinder berichten,

- dass sich während der Pflege ihre körperliche Gesundheit verschlechtert und sie häufiger Medikamente benötigen,
- dass Freunde, Bekannte und/oder Familienmitglieder den Kontakt meiden,
- dass sie ihren Beruf und ihre Hobbies aufgeben.
- Als besonders belastend wird es empfunden, wenn problematische Verhaltensweisen wie Aggressivität, Schreien oder Wahnvorstellungen bei den Erkrankten hinzukommen.

Niemand kann und muss diese schweren Aufgaben auf Dauer und ganz alleine erfüllen. Auch im Interesse der Erkrankten ist es wichtig und ratsam, mit den eigenen Kräften hauszuhalten und sich frühzeitig nach Möglichkeiten der Beratung und Entlastung umzusehen - sowohl um den Menschen mit Demenz besser zu versorgen als auch sich selbst zu entlasten. Denn wer rund um die Uhr für einen anderen Menschen da ist, benötigt auch regelmäßig Zeit für sich selbst, um zufrieden und gesund zu bleiben sowie Kraft für die Pflege zu haben.

Es gibt eine Reihe von Entlastungsangeboten. Adressen von Anbietern erhalten Sie von einer Alzheimer-Gesellschaft in Ihrer Nähe, bei einem Pflegestützpunkt oder von Ihrer Kranken- bzw. Pflegekasse. Viele Angebote können zumindest teilweise aus Leistungen der Pflegeversicherung finanziert werden.

Folgende Entlastungsmöglichkeiten stehen zur Verfügung:

- Ambulante Pflegedienste
- Betreuungsgruppen
- Angehörigen- und Selbsthilfegruppen
- Ehrenamtliche Unterstützung
- Tagespflegeeinrichtungen
- Kurzzeit- und Urlaubs- bzw. Verhinderungspflege

Ambulante Pflegedienste

Die sozial- und gesundheitspflegerischen Dienste der ambulanten Pflegestationen leisten einen oft unverzichtbaren Beitrag dazu, dass die Erkrankten weiterhin zu Hause leben können. Die *Hauspflege* umfasst Hilfen im Haushalt sowie die Grundpflege (Körperpflege, Hilfe beim Essen). Kostenträger hierfür ist in erster Linie die Pflegekasse, je nach Umfang des Pflegebedarfs ist eine Zuzahlung notwendig. Die *häusliche Krankenpflege* (Behandlungspflege) wird von examinierten Pflegefachkräften durchgeführt. Grundlage hierfür ist eine ärztliche Verordnung;

die Kosten trägt die Krankenkasse (gegebenenfalls ist eine Zuzahlung erforderlich). Die häusliche Krankenpflege umfasst Tätigkeiten wie das Verabreichen von Medikamenten und Injektionen oder die Versorgung von Wunden. Alle Pflegedienste betreuen auch demenzerkrankte Patienten. Einige beschäftigen deshalb Fachkräfte mit gerontopsychiatrischen Zusatzqualifikationen oder setzen Hauspflegekräfte ein, die eine gerontopsychiatrische Fortbildung absolviert haben.

Betreuungsgruppen

Alzheimer-Gesellschaften in den verschiedenen Regionen sowie unterschiedliche Wohlfahrtsverbände bieten Betreuungsgruppen zur Entlastung pflegender Angehöriger als niedrigschwelliges ambulantes Angebot an. Für einige Stunden am Tag werden die Betroffenen an ein bis zwei Tagen pro Woche in Gruppen beschäftigt und betreut. Aktivierungsangebote, die auf die Bedürfnisse der Kranken ausgerichtet sind, sowie die Betreuung durch geschulte Helfer sind Bestandteile des Programms. Die Betreuung wird durch ehrenamtliche Mitarbeitende geleistet und durch eine Fachkraft begleitet. Die pflegenden Angehörigen sollen durch die Betreuungsgruppen Entlastung erfahren, sodass sie einen zeitlichen Freiraum zur eigenen Verfügung haben. Die Teilnahme an einer Betreuungsgruppe kann mit den Mitteln aus verschiedenen Leistungen der Pflegeversicherung finanziert werden.

Angehörigen- und Selbsthilfegruppen

Angehörigen- bzw. Selbsthilfegruppen bieten die Möglichkeit, mit anderen Menschen ins Gespräch zu kommen, die sich in einer ähnlichen Pflegesituation befinden wie man selbst. Viele Angehörige nutzen das Angebot, um über ihre Sorgen, Ängste und Verzweiflung zu sprechen, aber auch, um sich gegenseitig Unterstützung, Anregungen und Tipps zu geben und die Energiespeicher wieder aufzufüllen. Häufig werden die Gruppen von einer Fachkraft geleitet und begleitet.

Ehrenamtliche Unterstützung

Dieses Angebot gibt es seit mehr als 15 Jahren. Ehrenamtliche Helferinnen und Helfer betreuen für einige Stunden in der Woche vor allem Demenzerkrankte, die mit ihren Angehörigen oder alleine zu Hause leben. Dadurch entstehen für die Angehörigen ebenfalls Freiräume. Die freiwilligen Helfer(innen) übernehmen stundenweise die soziale Betreuung der Kranken, nicht aber pflegerische oder hauswirtschaftliche Aufgaben. Helferinnenkreise (auch »Betreuungsbörsen«) bieten ein leicht zugängliches, qualitätsgesichertes und kostengünstiges Angebot zur stundenweisen Betreuung der Kranken und zur gleichzeitigen Entlastung der Angehörigen. Die Helferinnen und Helfer werden regelmäßig geschult und fachlich begleitet. Die Kosten für die Inanspruchnahme solcher Helferinnen und Helfer können mit den Mitteln aus verschiedenen Leistungen der Pflegeversicherung finanziert werden.

Tagespflegeeinrichtungen

Tagespflegeeinrichtungen zählen zu den teilstationären Pflege- und Betreuungsangeboten. Die Tagespflege dient der Aktivierung und Rehabilitation durch therapeutische und pflegerische Angebote sowie durch soziale Einbindung und einen strukturierten Tagesablauf. Der Besuch einer Tagesstätte wirkt sich meist positiv auf das Wohlbefinden der Kranken aus und entlastet gleichzeitig die pflegenden Angehörigen. In der Regel verfügen die Einrichtungen über einen Fahrdienst, sodass der Hin- und Rücktransport der Gäste problemlos erfolgen kann. Die Anzahl der Tage, an denen der Pflegebedürftige die Tagespflege besucht, bestimmen er und seine Familie. Empfehlenswert sind mindestens zwei Tage wöchentlich, ansonsten können sich die Gäste kaum eingewöhnen. Vor der Aufnahme wird in der Regel ein »Schnuppertag« vereinbart. Die Tagespflegen berechnen Tagessätze, die zwischen 45,00 und 90,00 € liegen können. Die Kosten für den Aufenthalt können durch Leistungen der Pflegeversicherung, des Sozialamtes oder durch Eigenbeteiligung getragen werden.

Kurzzeit- und Urlaubs- bzw. Verhinderungspflege

Die Kurzzeitpflege, als Leistung der Pflegeversicherung, findet in der Regel in einer stationären Pflegeeinrichtung statt, die mit den Pflegekassen einen Versorgungsvertrag abgeschlossen hat. Für maximal 28 Tage im Jahr kann der erkrankte Angehörige dort in Obhut gegeben werden, sodass die Pflegeperson in diesem Zeitraum zum Beispiel einen Erholungsurlaub in Anspruch nehmen kann. Kurzzeitpflegeeinrichtungen übernehmen während der Aufnahme die komplette Versorgung der erkrankten Person. Viele Einrichtungen haben sich auf die Versorgung demenziell erkrankter Menschen eingestellt und bieten ein entsprechendes Versorgungs- und Beschäftigungsangebot. Die Pflegekasse gewährt dafür auf Antrag einen Geldbetrag in Höhe von 1.612,00 €. Durch die Kombination mit den Leistungen der Urlaubs- bzw. Verhinderungspflege kann der Zeitraum der

Kurzzeitpflege auf bis zu 56 Tage und die Gesamtsumme auf bis zu 3.224,00 € verdoppelt werden.

Die Urlaubs- bzw. Verhinderungspflege ist ebenfalls eine Leistung, die über die Pflegekasse beansprucht werden kann. Ebenfalls für maximal 28 Tage pro Jahr ist es möglich, die erkrankte Person zum Beispiel durch einen Pflegedienst oder eine nahestehende Person zu Hause versorgen zu lassen, wenn die Hauptpflegeperson (zum Beispiel durch Krankheit oder Erholungsurlaub) verhindert ist. Die Pflegekasse übernimmt für die Versorgung durch einen Pflegedienst bis zu 1.612,00 €, für die Versorgung durch Angehörige in der Regel nur das Pflegegeld zuzüglich eventueller Aufwendungen wie Fahrgeld oder Verdienstausfall (maximal 1.612,00 €). Die Verhinderungspflege kann auch in einer Kurzzeitpflegeeinrichtung durchgeführt werden. Durch die Kombination mit den Leistungen der Kurzzeitpflege kann der Zeitraum der Verhinderungspflege auf bis zu 42 Tage und die Gesamtsumme auf bis zu 2.418,00 € aufgestockt werden. (Stand 2024, abhängig vom Pflegegrad.)

2.6 Betreuungsrecht - Wer kümmert sich, wenn Angehörige nicht mehr können?

Wenn die eigenen Eltern alt werden und aufgrund körperlicher oder psychischer Krankheiten oder Behinderungen ihre rechtlichen Angelegenheiten nicht selbst regeln können, benötigen sie eine *Betreuung,* die meist von den eigenen Kindern übernommen wird. Im besten Fall ist alles geregelt und alle benötigten Vollmachten liegen vor. Tatsächlich werden die meisten alten Eltern von ihren eigenen Kindern betreut.

Was aber ist, wenn erwachsene Kinder aufgrund eines Unfalls oder einer Erkrankung nicht mehr in der Lage sind, die rechtlichen Angelegenheiten ihrer alten Eltern selbst zu erledigen?

Laut § 1814 des Bürgerlichen Gesetzbuches (BGB) kann das Gericht einen rechtlichen Betreuer bestellen. Das Rechtsinstrument der rechtlichen Betreuung dient der individuellen Unterstützung erwachsener Personen. Während des Verfahrens wird ermittelt, für welche Aufgabenbereiche die betroffene Person rechtliche Unterstützung benötigt.

Das Betreuungsrecht regelt, ob und in welchem Umfang eine Betreuung eingerichtet wird und wer diese übernehmen kann. Das Gericht, das über eine Betreuung entscheidet, kann einen *ehrenamtlichen* oder einen *professionellen* Betreuer einsetzen. Es entscheidet auch darüber, wie lange die Betreuung voraussichtlich dauert.

Das Verfahren zur Bestellung eines rechtlichen Betreuers kann durch die betroffene Person selbst, aber auch von Angehörigen, behandelnden Ärzten, Wohneinrichtungen für Senioren oder anderen, die sich Sorgen machen, angeregt werden. Darüber hinaus wird berücksichtigt, welche Fähigkeiten verblieben sind und somit in eigener Verantwortung und Selbstbestimmung ausgeübt werden können.

Aufgabenbereiche des rechtlichen Betreuers können sein:

- Sorge für die Gesundheit: Arztbesuche, Einwilligungen, Rehabilitation, ambulante Dienste organisieren.
- Vermögenssorge: Geldverwaltung, Antragstellung, Überweisungen.

- Aufenthalt: Mietverträge, Heimverträge, Meldeangelegenheiten.
- Verwaltung: Behördengänge, Anträge, Schriftwechsel, Postkontrolle.

Der rechtliche Betreuer, sei es ehrenamtlich oder beruflich, unterstützt die betroffene Person in den genau festgelegten Aufgabenkreisen dabei, ihre Angelegenheiten so weit wie möglich selbst zu organisieren.

Anerkannten *Betreuungsvereinen* misst der Gesetzgeber eine große Bedeutung bei der Umsetzung des Betreuungsgesetzes in die Praxis zu. Es handelt sich um eingetragene Vereine. Zurzeit existieren in Deutschland etwa 820 Betreuungsvereine (Stand Ende 2023).

Ehrenamtliche Mitglieder des Vereins werden bei Betreuungen von hauptamtlichen Fachkräften bei schwierigen Einzelfragen unterstützt. Für die Tätigkeit eines Betreuungsvereins ist es erforderlich, dass dieser nach § 14 BtOG (in Verbindung mit Landesrecht) von der zuständigen Behörde (meist überörtliche Betreuungsbehörde) anerkannt wurde.

Betreuungsvereine sind mit dem örtlichen Betreuungswesen, zum Beispiel mit der Betreuungsbehörde, den Betreuungsgerichten oder anderen Betreuungsvereinen, vernetzt. Oftmals sind sie bei Wohlfahrtsverbänden wie der Arbeiterwohlfahrt (AWO) oder beim Deutschen Roten Kreuz (DRK) angesiedelt.

Sie finden Betreuungsvereine und Betreuungsstellen in Ihrer Nähe im Telefonbuch oder Internet. In vielen Bundesländern gibt es zudem Pflege- oder Seniorenberatungsstellen und sogenannte *Pflegestützpunkte*. Die Beratungskräfte dort geben Auskunft über Hilfsangebote bei Ihnen vor Ort.

Markus, 47:

»Ich habe für meine verwitwete, an Demenz erkrankte Mutter ganz selbstverständlich die Aufgabe der ehrenamtlichen Betreuung übernommen. Ich konnte aber nicht absehen, dass sich im Laufe der Zeit Umstände ergeben könnten, die mich daran hindern, die Betreuung weiterhin auszuüben. Aufgrund beruflicher Verpflichtungen muss ich für meine Firma für längere Zeit ins Ausland. Daher bin ich nicht mehr in der Lage, die alltäglichen Belange meiner Mutter zu regeln. Ich habe deshalb die Betreuung meiner Mutter dem Betreuungsverein vom VdK übergeben.«

2.7 Gelassenheit und Geduld oder die Kunst der kleinen Schritte

Der Eintritt einer Pflegebedürftigkeit der Eltern stellt für pflegende Kinder und deren Familien eine große Herausforderung dar. Gerade die erste Zeit, in der so vieles auf Sie einstürzt, gleicht einer Fahrt auf stürmischer See: Die Sicht ist schlecht, und das Ruder droht Ihnen aus der Hand zu gleiten. Dabei haben Sie bis zum Eintritt der aktuellen Situation in Ihrem Leben sicher schon oft eine »unruhige See« erlebt. Es gilt, sich darauf zu besinnen, wie Sie dennoch immer wieder in den sicheren Hafen gelangt sind. Welche Ihrer persönlichen Fähigkeiten und Stärken haben Ihnen geholfen, das Schiff durch das unruhige Meer zu manövrieren, ohne unterzugehen? Vielleicht war es Ihr Durchhaltevermögen, Ihre Geduld, Ihre Gelassenheit, Ihr Verantwortungsbewusstsein, der familiäre Zusammenhalt, Ihre Fähigkeit, kreative Lösungen zu entwickeln, oder Ihre Begabung, zur richtigen Zeit die richtige Mannschaft auszuwählen? In der Beantwortung dieser Fragen liegt die Kraft, die Sie für den augenblicklichen Sturm des Lebens benötigen, um das Ruder in der Hand zu behalten. Doch Sie können es auch getrost einmal vorübergehend abgeben. So wie der Kapitän sein Schiff besser kennt als jeder andere, so kennen auch Sie den Pflegebedürftigen besser als andere. Doch auch der beste Kapitän braucht Unterstützung durch eine gute Mannschaft.

Bis pflegebedürftige Eltern ihre Hilfsbedürftigkeit akzeptieren, ist es ein langer Weg, der nur mit Gelassenheit, Geduld und in vielen kleinen Schritten zum Erfolg führt. In kleinen Schritten lassen sich die Defizite Ihrer Eltern besser verstehen und verarbeiten.

»Wer Geduld sagt, sagt Mut, Ausdauer, Kraft.« Mit diesem Zitat bringt die österreichische Erzählerin Marie von Ebner-Eschenbach die Vorteile der Geduld auf den Punkt. Geduld kann als die »Fähigkeit, warten zu können« beschrieben werden. Im Umgang mit hilfsbedürftigen Eltern, speziell in der Pflegesituation, benötigen pflegende Kinder jede Menge Gelassenheit und Geduld. Geduld und Gelassenheit sind Kompetenzen, die trainiert werden können, und das gelingt umso besser, wenn man sich bewusst macht, dass Ungeduld Kraft entzieht.

Pflegende Kinder äußern oft, gerne mehr Geduld und Gelassenheit zu haben, um Dinge zu akzeptieren, die sich nicht ändern lassen, ruhig und beherrscht zu bleiben, auch wenn Situationen unangenehm sind und lange andauern.

Ungeduld bringt die innere Balance durcheinander, erzeugt destruktive Gefühle wie Stress und Wut. Geduld dagegen ist hilfreich, um die Stressspirale zu durchbrechen oder sie erst gar nicht beginnen zu lassen. Hilfreich ist es ferner, Geduld mit Gelassenheit zu kombinieren.

Gelassenheit ist eine innere Einstellung und eine Fähigkeit, um in stressauslösenden Situationen Ruhe zu bewahren. Gelassenheit ist ein gedanklicher Zustand, der sich dadurch auszeichnet, Unabänderliches zu akzeptieren und damit angemessen umzugehen. Wer gelassen ist, begegnet sich selbst und anderen mit Milde, Nachsicht und Großzügigkeit. Er weiß um Fehler und Mängel – bei sich selbst und bei anderen – und kann gut damit leben. Gelassen zu sein bedeutet auch, Unvollkommenheit zulassen zu können.

Geduld und Gelassenheit lassen sich trainieren:

- Da Sie den geistigen und körperlichen Abbau Ihrer Eltern nicht beeinflussen können, ist es hilfreich, sich in Geduld zu üben, um ärgerliche oder stressige Situationen besser beherrschen zu können.
- Gelassenheit beginnt im Kopf: Mit Mentaltraining können Sie sich in einen Zustand der Gelassenheit versetzen.
- Gelassenheit kommt von lassen: Überfordern Sie sich selbst, aber auch Ihre Eltern nicht. Reduzieren Sie Ihre Ansprüche.
- Die Grundlage für Geduld und Gelassenheit ist *Entspannung* (z. B. durch Yoga, Meditation, Autogenes Training, Progressive Muskelentspannung, Atemübungen).
- »Gelassenheit ist die anmutigste Form des Selbstbewusstseins.« (Marie von Ebner-Eschenbach)

»Die Kunst der kleinen Schritte«

Ich bitte nicht um Wunder und Visionen, Herr, sondern um Kraft für den Alltag. Lehre mich die Kunst der kleinen Schritte!

Mach mich findig und erfinderisch, um im täglichen Vielerlei und Allerlei rechtzeitig meine Erkenntnisse und Erfahrungen zu notieren, von denen ich betroffen bin.

Mach mich griffsicher in der richtigen Zeiteinteilung. Schenke mir das Fingerspitzengefühl, um herauszufinden, was erstrangig und was zweitrangig ist.

Ich bitte um Kraft und Zucht, dass ich nicht durch das Leben rutsche, sondern den Tagesablauf vernünftig einteile, auf Lichtblicke und Höhepunkte achte, und mir Zeit für Besinnung, Erholung und kulturelle Freude nehme.

Lass mich erkennen, dass Träume allein nicht weiterhelfen, weder über die Vergangenheit noch über die Zukunft.

Hilf mir, das Nächste so gut wie möglich zu tun und die jetzige Stunde als die wichtigste zu erkennen.

Bewahre mich vor dem naiven Glauben, es müsste im Leben alles glattgehen. Schenke mir die nüchterne Erkenntnis, dass Schwierigkeiten, Niederlagen, Misserfolge, Rückschläge eine selbstverständliche Zugabe zum Leben sind, durch die wir wachsen und reifen.

Erinnere mich daran, dass das Herz oft gegen den Verstand streikt.

Schick mir im rechten Augenblick jemanden, der den Mut hat, mir die Wahrheit in Liebe zu sagen. Ich möchte dich und die anderen immer aussprechen lassen.

Die Wahrheit sagt man nicht sich selbst, sie wird einem gesagt.

Ich weiß, dass sich viele Probleme dadurch lösen lassen, dass man nichts tut. Gib, dass ich warten kann.

Du weißt, wie sehr wir der Freundschaft bedürfen. Gib, dass ich diesem schönsten, schwierigsten, riskantesten und zartesten Geschenk des Lebens gewachsen bin.

Verleihe mir die nötige Fantasie, im rechten Augenblick ein Päckchen Güte – mit oder ohne Worte – an der richtigen Stelle abzugeben.

Mach aus mir einen Menschen, der einem Schiff mit Tiefgang gleicht, um auch die zu erreichen, die unten sind.

Bewahre mich vor der Angst, ich könnte das Leben versäumen.

Gib mir nicht das, was ich mir wünsche, sondern das, was ich brauche.

Lehre mich die Kunst der kleinen Schritte!

– Ein Gebet von Antoine de Saint-Exupéry

2.8 Prävention - Selbstschutz und Selbstfürsorge

Pflegende Kinder müssen bei aller Liebe unbedingt lernen, präventiv Selbstschutz und Selbstfürsorge zu praktizieren und sich gegenüber ihren alten Eltern wirkungsvoll abzugrenzen. Wer das nicht schafft, verausgabt sich und endet irgendwann in der chronischen Erschöpfung, im Burnout.

Achten Sie auf *gesunde Selbstfürsorge,* das heißt, das eigene Energiekonto immer im Blick zu behalten und sich vor *Selbstausbeutung* zu schützen. **Selbstfürsorge geht immer vor Fremdfürsorge!**

Die Fürsorge für die alten Eltern ist mit Stress verbunden, der ein täglicher Begleiter unseres Lebens ist. Wir können ihn nicht vollständig eliminieren, aber wir können lernen, ihn mithilfe unseres *emotionalen Frühwarnsystems* rechtzeitig zu erkennen, um besser mit Stress umzugehen und einen Burnout zu verhindern.

Voraussetzung für eine wirksame Selbstfürsorge ist die *Sensibilisierung Ihrer Selbstwahrnehmung*, die zum verantwortungsvollen Umgang mit eigenen Ressourcen führt. Nur wer für sich selbst gut sorgen kann, ist auf Dauer in der Lage, möglichst lange fit zu bleiben. Werden Sie Ihr eigener *Stress-Coach* und lernen Sie, Nein zu sagen, wenn Ihnen etwas zu viel wird.

Gönnen Sie sich unbedingt Auszeiten, in denen Sie Ihren Akku wieder auftanken können. Planen Sie bewusste Ich- oder Oasenzeiten ein, um sich zu regenerieren. Tauschen Sie sich in Selbsthilfegruppen pflegender Angehöriger aus und planen Sie Zeiten für Freunde, Hobbys und Sport konkret in Ihren Alltag ein – als Teil Ihrer Fürsorge für sich selbst!

Leider gibt es keinen Zauberknopf, den man zur Entlastung drücken könnte. Um leistungsfähig zu bleiben, haben Sie aber jederzeit die Möglichkeit, zum Selbstschutz die *Pausentaste* zu drücken. **Der Schlüssel zur Veränderung liegt immer bei Ihnen!** Besonders meditative Übungen (z.B. autogenes Training, Yoga) verschaffen Geist und Seele Tiefenentspannung und füllen den seelischen Akku wieder auf. Gleiches gilt für kreative Aktivitäten.

Wer alte Eltern betreut oder pflegt, zieht sich oft aus seinem sozialen Umfeld zurück, da die Zeit für ein Treffen mit Freunden fehlt. Soziale Kontakte und Hobbys sind aber als Ausgleich sehr wichtig. Auch Selbsthilfegruppen oder Gesprächskreise mit anderen Betroffenen können hilfreich sein. Entsprechende Angebote finden Interessierte in der Datenbank der »Nationalen Kontakt- und Informationsstelle zur Anregung und Unterstützung von Selbsthilfegruppen (NAKOS)«. Um sich den nötigen zeitlichen Spielraum zu verschaffen, können pflegende Angehörige zum Beispiel regelmäßig eine professionelle Tages- und Nachtpflege durch Pflegeeinrichtungen in Anspruch nehmen. Auch Besuchs- und Betreuungsdienste durch ehrenamtliche oder professionelle Pfleger können für mehr Zeit zum Ausgleich sorgen.

Die nerven- und gefühlsaufreibenden Anforderungen, die mit der Organisation des Pflegealltags zusammenhängen, fordern die Psyche enorm heraus. Sie ist das »Organ«, das uns befähigt, den Alltag zu organisieren, Verantwortung zu übernehmen, Entscheidungen zu treffen, mitzufühlen und mitzuleiden. Dabei muss sie einiges aushalten – Zeitdruck, Sorgen, Ärger, Trauer, Enttäuschung, Schuldgefühle, Ängste, Zweifel, Einsamkeit – und trotzdem funktionieren. Sie steht unter Hochspannung und benötigt ab und zu Zeit, sich zu erholen. Doch gerade die Aufforderung: »Entspann dich mal!« setzt viele pflegende Angehörige zusätzlich unter Druck. Schließlich haben sie schon genug um die Ohren und sollen sich jetzt auch noch entspannen – wie soll das gehen? Dafür ist einfach keine Zeit.

Regelmäßige Entspannung ist wichtig, um leistungsfähig zu bleiben, denn in der Entspannungsphase werden die verbrauchten Energiereserven wieder aufgefüllt, sodass neue Spannung möglich wird. Durch diesen dynamischen Wechsel zwischen Spannung und Entspannung entsteht Leistungsfähigkeit. Je größer die Anspannung ist, desto notwendiger wird die Entspannung. Aus der Stressforschung wissen wir: Wollen wir unseren Einsatz über einen längeren Zeitraum auf einem hohen Niveau aufrechterhalten, dürfen wir nicht den Punkt verpassen, an dem wir auftanken müssen. Denn nur durch regelmäßige Erholungsphasen, die immer wieder eine angemessene Regeneration unserer Kräfte ermöglichen, können wir ein hohes Leistungsniveau auch über einen längeren Zeitraum aufrechterhalten.

Prävention in Form von Selbstschutz und Selbstfürsorge bedeutet in erster Linie, Entspannung zu suchen. Entspannung lässt sich aber nicht erzwingen, denn sie bedeutet, loslassen zu können! Vielen pflegenden Angehörigen fällt gerade das sehr schwer. Mit Belastungen umgehen zu können, bedeutet auch, herauszufinden, was der eigenen Seele guttut. Jede Seele tankt auf ihre Weise wieder auf. Maßgeblich ist dabei, selbst zu spüren, was zur eigenen inneren Quelle werden kann. Folgen Sie der Lebensweisheit der Hl. Teresa von Ávila: »Tu deinem Körper etwas Gutes, damit die Seele Lust hat, darin zu wohnen.«

Tun Sie etwas, das Sie wieder in Balance bringt. Gehen Sie spazieren, joggen, oder ins Kino: Versuchen Sie, sich an Ihre Vorlieben zu erinnern, um kreativ und aktiv zu werden. Nehmen Sie sich den Freiraum, den Sie benötigen, um sich zu entspannen und wieder Kraft zu sammeln. Auch regelmäßige Bewegung trägt zur psychischen und körperlichen Gesundheit bei. Dafür ist kein anstrengender Ausdauersport nötig, um Ihre geistige und körperliche Widerstandskraft zu erhöhen.

Denken Sie darüber nach, wie es möglich sein kann, die Balance zwischen den Erwartungen Ihrer Eltern, Ihrer Familie und Ihren eigenen Bedürfnissen hinzubekommen, damit Sie am Ende nicht zu der traurigen Erkenntnis kommen müssen: »Mein Leben hat allen gefallen, nur mir nicht.«
Bedenken Sie: Jeder hat nur ein Leben und eine Gesundheit und deshalb sollten Sie bei allem Engagement sich selbst nicht ver-

gessen, damit Sie nicht zum hilflosen Helfer oder zur hilflosen Helferin werden.

Der Hl. Bernhard von Clairvaux (1090–1153), Abt der Zisterzienser, schrieb vor 900 Jahren in einem Brief an seinen Zögling, Papst Eugen III. Darin wies er mit der Metapher der gut gefüllten und überfließenden »Schale der Liebe« auf den Wert der Selbstempathie hin:

»Wenn du vernünftig bist, erweise dich als Schale und nicht als Kanal, der fast gleichzeitig empfängt und weitergibt, während jene wartet, bis sie gefüllt ist.

Auf diese Weise gibt sie das, was bei ihr überfließt, ohne eigenen Schaden weiter.

Lerne auch du, nur aus der Fülle auszugießen und habe nicht den Wunsch, freigiebiger zu sein als Gott.

Die Schale ahmt die Quelle nach. Erst wenn sie mit Wasser gesättigt ist, strömt sie zum Fluss, wird sie zur See. Die Schale schämt sich nicht, nicht überströmender zu sein als die Quelle. Tue das Gleiche! Zuerst anfüllen und dann ausgießen.

Die gütige und kluge Liebe ist gewohnt, überzuströmen, nicht auszuströmen.

Ich möchte nicht reich werden, wenn du dabei leer wirst.

Wenn du nämlich mit dir selbst schlecht umgehst, wem bist du dann gut?

Wenn du kannst, hilf mir aus deiner Fülle, wenn nicht, schone dich.«

(Bernhard von Clairvaux)

Die »Schale der Liebe« ist eine schöne Metapher, die beschreibt, dass man von dem geben soll, was man im Überfluss hat, und dabei immer den eigenen Energiespeicher im Blick haben muss. Die Metapher von »der Schale der Liebe« zeigt anschaulich, dass Selbstfürsorge kein Egoismus ist, sondern eine langfristige Investition in sich selbst und damit in andere.

Wie praktizieren Sie Selbstfürsorge? – Fragen zum Nachdenken:

- Kennen Sie Ihre Energiefresser, die Ihre Energie verschlingen?
- Was füllt Ihre (Energie)Schale auf? Wie oft geschieht das?
- Wie voll ist Ihre Schale momentan? Ist das in Ordnung? Falls nicht, was könnten Sie heute für sich selbst tun?
- In der Krisenintervention gilt: Selbstschutz vor Fremdschutz. Wie gehen Sie damit um, zuerst sich selbst zu versorgen? Fällt es Ihnen schwer? Fühlt es sich egoistisch an, oder plagt Sie sofort das schlechte Gewissen?
- Ist es leichter, für andere da zu sein und zu geben, statt zu nehmen?
- Was würden Sie sich raten, wenn Sie Ihre gute Freundin wären?
- Wie achtsam und wertschätzend gehen Sie mit sich selbst um? Und wenn nicht, was sagt das über Sie selbst, Ihre Selbstwertschätzung und Ihr Selbstbild aus?

Abschließende Gedanken

Wie man der Verantwortung für alte Eltern gerecht wird, dafür gibt es leider keine ideale Lösung und kein perfektes Rezept. Sicher allerdings ist, dass Mut dazu gehört, über Tabus und Unausweichliches zu sprechen, wie beispielsweise den Autonomieverlust und die Umkehrung der bisherigen Rollen.

Wenn Eltern alt und hilfebedürftig werden, müssen die Kinder die Führung übernehmen. Diese Rollenumkehr ist für Eltern und Kinder eine neue, kritische Phase des Umgangs miteinander. Darüber hinaus werden Kinder in der Begleitung ihrer alten Eltern mit ihrem eigenen Älterwerden konfrontiert, was bei denen, die allein leben oder keine Kinder haben, Ängste auslösen kann. Wer wird da sein, wenn ich selbst alt und hilflos bin?

Ich habe deutlich gemacht, dass erwachsene Kinder, die eine schwierige Beziehung zu ihren Eltern hatten, es schwerer haben, ihre alten Eltern auf dieser letzten Etappe ihres Lebensweges zu begleiten und ihnen hilfreich zur Seite zu stehen. Wie diverse Fallbeispiele zeigen, können viele ungeklärte Konflikte aus der Vergangenheit das Verhältnis zwischen Eltern und erwachsenen Kindern belasten. Das kann einerseits problematisch sein, andererseits aber auch zu einer positiven Neuausrichtung der Beziehung zu den Eltern führen, sodass die Begleitung durch ihre letzte Lebensphase befriedigend gestaltet werden kann.

In diesem Ratgeber, in dem ein brisantes Thema von allen Seiten betrachtet wird, kommen viele Betroffene zu Wort und sprechen offen und ehrlich über ihre Gefühle und Strategien, mit ihrem eigenen Älterwerden und dem ihrer Eltern umzugehen. Die eingefügten Gesprächsprotokolle sind anrührend und auch traurig, sie schildern aber die Bandbreite des Lebens und Erlebens und die Reichhaltigkeit von Lebenserfahrungen. Jede Biografie erscheint beeindruckend.

Ich danke allen, die durch ihre Offenheit dazu beigetragen haben, dass dieses Buch mit anrührenden Geschichten und Biografien möglich wurde. Ich danke auch Ihnen, liebe Leserin, lieber Leser, dass Sie sich darauf eingelassen haben, mir auf einer facettenreichen Betrachtung des Phänomens »Rollenumkehr« zu folgen.

Sicher ist, dass wir eines Tages in die gleiche Situation kommen werden, in der sich unsere Eltern derzeit befinden. Indem wir sehenden Auges mitbekommen, was auf uns zukommt oder zukommen kann, sollten wir all das für unsere Eltern tun und so mit unseren hilflosen Eltern umgehen, wie wir möchten, dass im Alter mit uns umgegangen wird.

Ein Grundanliegen dieses Ratgebers besteht darin, betroffenen Kindern in der Phase der Rollenumkehr Orientierung zu geben und auf Hilfs- und Unterstützungsmöglichkeiten aufmerksam zu machen.

Mein Anliegen besteht darin, deutlich zu machen, dass Kinder im Prozess der Rollenumkehr nicht nur verantwortlich sind für das, was sie tun, sondern auch für das, was sie nicht tun. Darüber hinaus möchte ich mit diesem Ratgeber betroffenen Kindern in der Phase der Rollenumkehr Orientierung geben und auf Hilfs- und Unterstützungsmöglichkeiten aufmerksam machen.

Ich danke meinen Seminarteilnehmerinnen und Seminarteilnehmern für ihr Vertrauen, ihre Offenheit und für ihr Einverständnis, dass ich ihre Fallbeispiele in anonymisierter Form verwenden durfte.

Mit einer vielsagenden japanischen Lebensweisheit möchte ich Sie Ihren eigenen Gedanken überlassen:

»Die Eltern ertrinken in der Liebe zu ihren Kindern. Elternliebe übertrifft Kindesliebe um das Hundertfache. Und: Was du deinen Eltern schuldig bist, weißt du erst, wenn du selbst ein Kind hast.«

Über die Autorin

Die Autorin, Dozentin und Referentin Dorothee Döring ist seit 2002 im Segment »Persönlichkeitsbildung« für Stadtverwaltungen, Volkshochschulen und kirchliche Bildungswerke tätig. Ihr heutiger Arbeitsschwerpunkt liegt im Bereich »Kommunikation« und »Konfliktmanagement«. Sie lebt und arbeitet in Kempen/Niederrhein. Durch ihre zahlreichen Veröffentlichungen, Lesungen und Vorträge, Seminare und regelmäßige Interviews zu Lebenshilfeschwerpunkten ist sie medial präsent (http://www.dorotheedoering.de).

Ihre bisherigen Publikationen

1. Gesucht: Partner fürs Leben, Verlag Frieling u. Partner Berlin, 4. Aufl. 1999
2. www.Traumprinz, Herbig Verlag München, 2001
3. Leben in Würde bis zuletzt, Bonifatius Verlag Paderborn, 2002
4. Den Weg durch Leid und Trauer gemeinsam gehen, Matthias-Grünewald-Verlag Mainz, 2004
5. Dinner for one - Single-Leben als Chance, Neukirchener Verlag Neukirchen-Vluyn, 10/2005
6. Familie im Spannungsfeld - Ursachen erkennen, Probleme verstehen, Konflikte lösen, Neukirchener Verlag, Neukirchen-Vluyn, 2005
7. An Unglück und Verlusten wachsen, Verlag Ennsthaler Steyr, 11/2005

8. Warum allein bleiben - Erfolgreiche Partnersuche im Alter, Kaufmann Verlag Lahr, 4/2006
9. Wodurch wir wurden, was wir sind - Familienprägungen erkennen und verstehen, Kreuz Verlag Stuttgart, 8/2006
10. 50 - na und! Mit Selbstbewusstsein und Lebensfreude in die zweite Lebenshalbzeit, Kaufmann Verlag Lahr, 10/2006
11. Die Brücke zurück ins Leben finden - Hilfen für Trauernde nach dem Verlust eines geliebten Menschen, Gütersloher Verlagshaus, 1/2007
12. Erste Hilfe bei Kränkungen - Seelischen Verletzungen aktiv begegnen, Ennsthaler Verlag Steyr, 3/2007, 2. Auflage 11/2007
13. Alte Liebe rostet nicht - Wie Sie Ihre Partnerschaft jung halten, Kaufmann Verlag Lahr, 2007
14. Ich liebe mein Alter - Endlich Zeit, das Leben zu genießen, Kreuz Verlag, Juni 2007, 2. Auflage 11/2007
15. Glücklich allein - Ohne Partner in die reifen Jahre, mvg Verlag Heidelberg, 6/2007
16. Ohne Partner weiterleben - Hilfen für verwitwete Frauen, Kreuz Verlag Stuttgart, 6/2008
17. Gemeinsam statt einsam - Wenn meine Eltern Pflege brauchen, Brendow Verlag Moers, 8/2008
18. Familiengeheimnisse und Tabus - Wie Sie sich Ihrer Vergangenheit stellen können, mvg Verlag Heidelberg, 9/2008
19. Glückliche Patchworkkinder - Wie wir unseren Kindern helfen können, Kreuz Verlag Stuttgart, 6/2009
20. Familienglück im zweiten Anlauf - Chancen und Risiken in einer Patchwork-Familie, Reichel Verlag Weilersbach, 2010
21. Wie du und doch ganz anders - Von Müttern und Töchtern, SVU Verlag Augsburg, 1/2011
22. Es reicht! Was tun gegen seelische Gewalt? SVU Verlag Augsburg, 9/ 2011

23. Nie wieder Mobbingopfer! Wie Sie sich gegen Psychoterror am Arbeitsplatz zur Wehr setzen können, Brendow Verlag Moers, 4/2012
24. Späte Versöhnung - Auseinandersetzung und Aussöhnung mit den alten Eltern, Paulus Verlag, Fribourg/Schweiz, 9/2013 – 2. Auflage Verlag Butzon&Bercker Kevelaer, 2/2018
25. Endlich in Rente - Und dann? Mit heiterer Gelassenheit ins dritte Lebensalter, Paulus Verlag, Fribourg/Schweiz, 4/2014
26. Mein Mann, meine Schwiegermutter und ich - Ein Mann zwischen zwei Frauen, Goldegg Verlag Wien, 12/2014
27. Raus aus der Mutterfalle- Befreiung von Selbstzweifeln und Schuldgefühlen, Reichel Verlag Weilersbach, 3/2015
28. Die Sandwich-Generation - Leben zwischen Beruf, eigener Familie und alten Eltern, Paulus Verlag, Fribourg/Schweiz, 10/2015
29. Der unsichtbare Schmerz - Lebenswunden erkennen und heilen, Paulinus Verlag Trier, 8/2016
30. Die Eltern in mir - In Harmonie mit dem Elternschatten leben, Paulus Verlag, Fribourg/Schweiz, 10/2016
31. Wenn das Gute nie genug ist - Wie Sie der Perfektionismusfalle entkommen, Paulinus Verlag Trier, 9/2017
32. Sterbende liebevoll begleiten - Zu Hause, in der Klinik, im Altenheim oder Hospiz, Verlag Butzon&Bercker Kevelaer, 2/2018, 2. Auflage 8/2022
33. Das war's - Wenn Kinder den Kontakt zu ihren Eltern abbrechen, Paulinus Verlag Trier, 9/2018, 2. Auflage 8/2022
34. Besondere Kinder-Schicksal und Glück, Bonifatius-Verl. Paderborn, 8/2019
35. Ich liebe mein Leben - Lebensglück trotz Rückschlägen, Verlag Butzon&Bercker Kevelaer, 2/2020

36. Glückliches Leben - Wie Zweisamkeit gelingen kann, Verlag Butzon&Bercker Kevelaer, 3/2021
37. Scham - einen schwierigen Gefühl auf der Spur, Facultas Verlag Wien, 8/2021
38. Lebensfroh trotz schwieriger Kindheit - Seelische Verletzungen der Kindheit erkennen und heilen, Verlag Butzon&Bercker Kevelaer, 2/2022
39. Familien im Stresstest - Wie das familiäre Miteinander trotzdem gelingen kann, Facultas Verlag Wien, 3/2022
40. Späte Trennung - Selbstbestimmt durchstarten mit 50+, Facultas Verlag Wien, 8/2022
41. Familie im Ausnahmezustand - Der richtige Umgang mit Krankheit, Tod und Trauer, Facultas Verlag Wien, 3/2023
42. Der Lotusblatteffekt - Belastendes einfach abperlen lassen, Verlag Butzon&Bercker Kevelaer, 9/2023
43. Und jetzt? Trotz Trennung Eltern bleiben, Paulinus Verlag Trier (12/2023)
44. Eltern am Limit - Herausforderungen und Stress erfolgreich meistern, Facultas Verlag Wien, (3/2024)
45. Verstoßene Großeltern - Wenn der Kontakt zum Enkelkind verweigert wird, Paulinus Verlag Trier, Herbst 2024

Weitere Titel sind in Arbeit.

Quellen

[1] Deppe, Monika: (1998), Die Zeugen Jehovas. Auch ich habe ihnen geglaubt/ Sanfter Einstieg, harter Ausstieg, Brunnen-Verlag, Gießen

[2] Frey, Jana: (2016) Das eiskalte Paradies – Ein Mädchen bei den Zeugen Jehovas, Loewe Verlag, Bindlach

[3] Geranto Technik 1999 gelesen in Herbstzeitlose 3/99

[4] Lachnitt, Heidi: Brief einer alten Dame: www.h-lachnitt.de/AltenpflegeGedichte.html

[5] https://www.sw.eah-jena.de/dat/publikationen/schriften-reihe_6_einsamkeit_im_alter.pdf nach dem Stand vom 20.06.2024

[6] Otto, Anne: (2022), Für immer Kind? Wie unsere Beziehung zu den Eltern erwachsen wird, Verlag Körber, Hamburg

[7] Schoepp, Sebastian: (2018), Seht zu wie ihr zurechtkommt. Abschied von der Kriegsgeneration, Westend Verlag, Frankfurt/M.

[8] https://www.derstandard.at/story/2000021172564/britische-studie-jeder-fuenfte-ueber-65-trinkt-zu-viel nach dem Stand vom 20.06.2024

[9] https://www.aerzteblatt.de/archiv/54098/Sucht-im-Alter-Die-stille-Katastrophe nach dem Stand vom 20.06.2024

[10] Roth, Philip, (1995), Mein Leben als Sohn, dtv Verlag München

[11] Geiger, Arno: (2011) Der alte König in seinem Exil, Hanser Verlag, München

[12] Jens, Tilmann: (2009) Demenz. Abschied von meinem Vater. Gütersloher Verlagshaus, Gütersloh

[13] Elfmann, Peggy: (2021) Mamas Alzheimer und wir, Mabuse Verlag

[14] Elfmann, Peggy: (2022) Demenz. Verstehen und achtsam begleiten, Wort & Bild Verlag

[15] Geschäftsstelle Nationale Demenzstrategie am Deutschen Zentrum für Altersfragen, Deutsches Zentrum für Altersfragen (DZA), Manfred-von-Richthofen-Straße 2, 12101 Berlin, 030 260740-69

[16] Bleisch, Barbara: (2018) Warum wir unseren Eltern nichts schulden, Carl Hanser Verlag, München

[17] Schneeberger, Ruth: (2019) Mama, du bleibst bei mir: Vom Glück und Unglück, einen Angehörigen zu pflegen, Blanvalet Verlag

[18] Grimm, J., & Grimm, W. (1857). Kinder- und Haus-Märchen, gesammelt durch die Brüder Grimm: Große Ausgabe (Bd. 1, 7. Aufl.). Göttingen: Verlag der Dieterichschen Buchhandlung

Weitere Ratgeber bei FRANZIUS

»You can heal anyone - Heilen ist angeboren: Instinktive Heilmethoden für alle« von Frederick Dodson

Heilung ist eine natürliche Fähigkeit, die tief in der menschlichen Natur verwurzelt ist. Von den frühen Tagen der Menschheit an haben Menschen intuitive Wege gefunden, um Schmerzen und Leiden zu lindern.

Die sanften Hände einer Mutter, die eine verletzte Stelle ihres Kindes beruhigen, oder der beruhigende Einfluss eines Arztes, der seine Patientin tröstet, sind nur einige Beispiele dafür, wie die Heilkraft spontan und ohne formale Ausbildung manifestiert werden kann.

In Kriegszeiten haben Soldaten einander durch einfache, aber **wirkungsvolle** Methoden der ersten Hilfe unterstützt, oft mit erstaunlichen Ergebnissen. Ebenso haben Energieheiler im Laufe der Geschichte Techniken entwickelt, die auf dem Verständnis der energetischen Verbindungen basieren, die alles Leben durchdringen.

Dieses Buch führt Sie in verschiedene Heilmethoden ein, die sich auf Handauflegen, Gebet und die universelle Energie des Bewusstseins stützen. Diese Techniken sind so einfach und doch so mächtig, dass sie in jeder Situation angewendet werden können.

Der Autor hat in 35 Jahren Coaching diese Methoden immer wieder erfolgreich angewendet und zeigt Ihnen, wie Sie diese Werkzeuge nutzen können, um sowohl andere als auch sich selbst zu heilen.

Sie werden entdecken, dass die Fähigkeit zu heilen schon immer in Ihnen vorhanden war und nur darauf wartet, aktiviert zu werden.

Softcover A5, ca. 144 Seiten.

ISBN: 978-3-96050-261-6

»Erfolgreich sein - Success attracts success « von Frederick Dodson

Dieses Buch ist das Ergebnis von 35 Jahren Forschung zu den Determinanten von Erfolg, Leistung, Errungenschaften und Wohlstand. Basierend auf vielen Jahren Coaching-Erfahrung, Forschung und realen Ergebnissen sind dies die entscheidenden Schlüssel zu einem überaus erfolgreichen Leben in allen Bereichen.

Softcover A5, ca. 220 Seiten

ISBN: 978-3-96050-258-6

»Starke Persönlichkeit durch Mentalkraft - Innere Stabilität und Resilienz« von Marjeta Gurtner

Trainingsbuch: Innere Stabilität gewinnen und jeder Herausforderung standhalten

Dieser Ratgeber bietet einen umfassenden Leitfaden zur Entwicklung mentaler Stärke, um Herausforderungen erfolgreich zu meistern. Die diplomierte Mentaltrainerin stellt in acht praxisorientierten Kapiteln Techniken und Methoden vor, die innere Stabilität fördern:

- Selbstwahrnehmung: Erkennen der eigenen Bedürfnisse und Glaubenssätze.
- Gedankenkontrolle: Vermeidung negativer Gedanken.
- Resilienz: Aufbau emotionaler Belastbarkeit.
- Innere Ruhe: Übungen für Gelassenheit.
- Willensstärkung: Verbesserung der Kommunikationsfähigkeiten.
- Körpermanagement: Optimierung der nonverbalen Kommunikation.
- Entspannung: Einfache Entspannungsübungen.
- Visualisierung: Nutzung positiver Vorstellungsbilder zur Zielerreichung.

Das Buch motiviert durch verständliche Erklärungen und sofort anwendbare Werkzeuge, um persönliche und berufliche Leistungen zu verbessern. Es hilft dabei, selbstsicher aufzutreten, Stress abzubauen und mentale Stärke zu entwickeln, um Herausforderungen zuversichtlich und stabil zu begegnen.

Softcover A5, ca 276 Seiten

ISBN: 978-3-96050-256-2

»Verschenke deine Zeit sinnvoll - Die Kunst, Zeit bewusst in das zu investieren, was dich erfüllt« von Regula Meile
Die Kunst, Zeit bewusst in das zu investieren, was dich erfüllt

Hast du den Eindruck, nie genügend Zeit für die Dinge zu haben, die dir wichtig sind? Hast du oft das Gefühl, das Leben zieht an dir vorbei? Sehnst du dich danach, dein Leben mehr nach deinen Vorstellungen zu gestalten, anstatt ständig zu versuchen, allen Erwartungen gerecht zu werden? Den Erwartungen der Gesellschaft, deines sozialen Umfeldes und den Erwartungen, die du selbst an dich stellst?

Dieses Buch hilft dir dabei, die "Stopp-Taste" zu drücken, Automatismen zu hinterfragen, eine neue Perspektive einzunehmen und die Veränderungen anzugehen, die es braucht, damit du am Ende deines Lebens nicht voller Reue lediglich auf ungelebte Träume, unrealisierte Projekte und ungepflegte Beziehungen zurückblickst.

Die Autorin zeigt anschaulich und einfühlsam, mit Inspirationen und einfachen Übungen neue Wege auf, die Zeit und Aufmerksamkeit in lebendige Beziehungen und jene Projekte zu investieren, die wirklich zählen. Bist du bereit?
A5 Format, ca. 288 Seiten
Hardcover ISBN: 978-3-96050-233-3
Softcover ISBN: 978-3-96050-234-0
E-Book ISBN: 978-3-96050-235-7
Hörbuch ISBN: 978-3-96050-236-4

»Unsere Augen im Fokus _ Durchblick bei Fehlsichtigkeiten, Brillen, Sehproblemen und Schulstress« von Christina Flegl

Sehen ist das Selbstverständlichste der Welt. Solange mit unseren Augen alles in Ordnung ist, denken wir nicht darüber nach. Doch unsere Welt hat sich verändert! Wir leben im Zeitalter der digitalen Informationstechnologie. Unsere Augen sind anatomisch betrachtet noch auf dem Stand der Jäger und Sammler, wir benutzen sie aber als Präzisionsinstrumente. Hinzu kommt aktuell die zunehmende Kurzsichtigkeit bei Kindern und Jugendlichen. Spätestens, wenn sich die Alterssichtigkeit bemerkbar macht, ist jeder von uns mit dem Thema Fehlsichtigkeit und Brille konfrontiert.

Christina Flegl gibt einen Einblick darüber, wie drastisch sich Sehstress auf die Lebensqualität auswirken kann, wie Schulprobleme damit zusammenhängen und was für junge Eltern bei ihren Babys wichtig ist. Dieser Ratgeber bringt Licht in den Optiker-Dschungel, und gibt dem Leser einen Überblick darüber, wann welche Brille sinnvoll ist. Es ist durch die Geschichten aus dem Alltag auch ein Buch zum Schmunzeln und Lachen.
Softcover A5, ca. 204 Seiten
Mit 17 Abbildungen.
ISBN: 978-3-96050-249-4

»Magnetic Wealth Attraction – Sei ein Magnet für Wohlstand, Überfluss und Fülle - Deutsche Erstausgabe« von Frederick Dodson

Die Regeln des Reichtums sind seit tausenden von Jahren dieselben. Lerne universelle Denkweisen, die deinen finanziellen Überfluss steigern, unabhängig davon, wer du bist und wo du dich befindest.

Du wirst mit diesem Buch lernen, mehr Vertrauen in deine Fähigkeit zu setzen, deinen Mitmenschen einen einzigartigen Dienst zu erweisen. Ebenso wird dir ein umfassendes Wissen über einfache Geschäftsmodelle, die immer funktionieren, sowie die Fähigkeit, passives Einkommen zu generieren, vermittelt. Du kannst dir die Fähigkeit aneignen, deine Glaubensmuster rund um das Thema Geld für einen lebenslangen Geldfluss grundlegend zu ändern.

Frederick Dodson, international bekannter Coach, führt dich durch die wichtigsten Prozesse, um dein Leben in einen endlosen Fluss von Reichtümern zum Wohle deiner selbst und der Menschen, die du liebst, zu verwandeln.
Taschenbuch A5, ca. 144 Seiten, ISBN: 978-3-96050-180-0
Aus dem Englischen übersetzt von Petra Liermann
Auch als Hörbuch erhältlich!

Hörbuch CD mit mp3-Dateien
Spieldauer 3h26min, Gelesen von Florian Hartnack
ISBN: 978-3-948464-26-4
Als digitales Download bei den großen Online-Portalen wie beispielsweise audible, deezer, Thalia, BookBeat u.v.m. unter der ISBN 978-3-948464257

»200 Ratgeber oder dieser« von Dr. Florian Hartnack
Die Essenz aus über 200 Ratgeber-Bestsellern zu den Themen: Glück, Gelassenheit, Gesundheit, Schlaf, Ernährung, Stress, Bewegung, Zeitmanagement, Kommunikation, Beziehungen, Erziehung und Finanzen. Mit Literaturtipps!
Hardcover A5, ca 200 Seiten ISBN: 978-3-96050-218-0
Softcover A5, ca 200 Seiten, ISBN: 978-3-96050-217-3
Auch als Hörbuch, gelesen vom Autor selbst, erhältlich unter der ISBN 978-3-96050-239-5.

»Enneagramm und Hochsensibilität - Die neun Persönlichkeitstypen und ihr Entwicklungspotenzial« von Dr. Marianne Skarics
A5-Format, ca 340 Seiten
ISBN: 978-3-96050-215-9 (Hardcover), 978-3-96050-170-1 (Softcover)

»Nicht offensichtliche Megatrends – Wie man erkennt, was andere übersehen, und die Zukunft vorhersagt«
Deutsche Erstausgabe des Titels »Non Obvious Megatrends: How to See What Others Miss and Predict the Future«
Von Rohit Bhargava
Aus dem Englischen übersetzt von der FRANZIUS Verlag GmbH
A5-Format, ca. 300 Seiten
ISBN 978-3-96050-198-5 (Hardcover)
ISBN 978-3-96050-091-9 (Softcover)

»Increase your Energy: Mehr Gesundheit, Erfolg und Glück – Deutsche Erstausgabe« von Frederick Dodson
Aus dem Englischen übersetzt von Petra Liermann
Softcover A5, ca. 292 Seiten, ISBN: 978-3-96050-136-7
Erscheint auch als Hörbuch unter der ISBN 978-3-96050-138-1

»Handbuch Kommunikation« von Frederick Dodson
Wie Sie Ihre Ausstrahlung, Stimme und den Wortschatz verbessern sowie Präsenz, Integrität und Authentizität erlangen
Taschenbuch A5, ca 200 Seiten, ISBN: 978-3-96050-223-4
Aus dem Englischen übersetzt von der Franzius Verlag GmbH

»Mit dem LEADERSHIP-COURSE zu innerer Stärke, Souveränität und positiver Führungskraft« von Frederick Dodson
Taschenbuch A5, ca. 96 Seiten
Aus dem Englischen übersetzt von der Franzius Verlag GmbH
ISBN: 978-3-96050-225-8

»Entzündungen natürlich behandeln – Die grüne Taschenapotheke«
Von Prof. Dr. Nadine Berling
A5 Format, ca. 132 Seiten, mit 24 schwarz-weiß Fotos
Softcover ISBN: 978-3-96050-210-4
Hardcover ISBN: 978-3-96050-203-6

»Wenn Millennials übernehmen - Bereiten Sie sich auf die amüsant einfache Geschäftswelt der Zukunft vor (Deutsche Erstausgabe)«
Von Jamie Notter und Maddie Grant
A5-Format, ca. 240 Seiten
Aus dem Englischen übersetzt von der FRANZIUS Verlag GmbH
Hardcover ISBN: 978-3-96050-208-1
Softcover ISBN: 978-3-96050-206-7

»Grenzenlos – Wie man seine Berufung findet und mit drei weiteren essentiellen Faktoren die individuelle Balance schafft, um im völligen Einklang mit dem eigenen Leben zu sein« von Laura Gassner Otting (Deutsche Erstausgabe)
A5-Format, ca. 150 Seiten
Aus dem Englischen übersetzt von der FRANZIUS Verlag GmbH
Hardcover A5, ISBN: 978-3-96050-197-8
Softcover A5, ISBN: 978-3-96050-192-3

»Das Handbuch der ketogenen Ernährung«
von Fabrizio P. Calderaro
Taschenbuch, ca. 220 Seiten, ISBN: 978-3-96050-071-1

»KETOGA - Ketogene Ernährung und Yoga«
von Fabrizio P. Calderaro
Taschenbuch, ca. 348 Seiten, ISBN: 978-3-96050-120-6

»Elternratgeber«
von Yngra Wieland
Kinder selbstbewusst begleiten –
Wie Eltern die »Copy-Paste-Falle« vermeiden

»Weiblichkeit leben - Zurück in die Steinzeit oder vorwärts in ein neues Leben«
von Petra Liermann
Taschenbuch, 116 Seiten, ISBN: 978-3-96050-067-4

»Eine Seele in zwei Körpern - Der Weg der Dualseelen in eine glückliche Beziehung«
von Petra Liermann
Taschenbuch, ca 230 Seiten, ISBN: 978-3-96050-118-3

»Eine glückliche Seele in zwei Körpern - Dualseele 2.0«
von Petra Liermann
Taschenbuch, ca. 108 Seiten, ISBN: 978-3-96050-178-7

Belletristik-Novitäten bei FRANZIUS

»Der Erwählte - Wie die Tagebücher von Thomas Mann verschwanden« von Torsten Schmandt
Der Roman spielt in den Jahren 1933/34, zur Zeit des Konfliktes, ob Thomas Mann ins Exil geht oder in Deutschland bleibt.
ISBN: 978-3-96050-251-7

»Kein Tag ohne Luzie« von Karin Büchel
Roman nach einer wahren Begebenheit über den Mord an einer deutschen Sängerin in Griechenland.
ISBN: 978-3-96050-247-0

»TRETmühlen Treue« von Reinhold Franz-Reisert
Dieser Roman spielt in einem fiktiven Dorf im Spessart in der Zeit vom 1. Weltkrieg bis zum Anfang der siebziger Jahre.
ISBN: 978-3-96050-244-9

»Blutspur 629«, Band 3 der »Rich & Mysterious«-Reihe
Krimi von Neal Skye, ISBN 978-3-96050-214-2

»Rechne mit dem Tod«, Band 3 der Edda-Valby-Reihe
Schweden-Krimi von Neal Skye, ISBN 978-3-96050-243-2

»Fette Sau – Ich bin gegen Mobbing, und Du?«
Roman von Christiane Kromp, ISBN 978-3-96050-201-2

»Nachbeben –
Oder gehört das ganze Leben in die Änderungsschneiderei?«
Roman von Sybille Statz, ISBN 978-3-96050-192-2

»Endstation Himmel«
Roman von Angelika Lorenz, ISBN 978-3-96050-186-2